가장 쉬운 독학 프랑스어 첫걸음

지은이 **주장수**

동양북스

가장 쉬운 독학
프랑스어 첫걸음

초판 14쇄 발행 | 2024년 1월 20일

지 은 이 | 주장수
발 행 인 | 김태웅
마케팅 총괄 | 김철영
온라인마케팅 | 김은진
제　　작 | 현대순
기획 편집 | 김현아
디 자 인 | 남은혜, 김지혜

발 행 처 | (주)동양북스
등　　록 | 제 2014-000055호
주　　소 | 서울시 마포구 동교로22길 14 (04030)
구입문의 | 전화 (02)337-1737　팩스 (02)334-6624
내용문의 | 전화 (02)337-1762　dybooks2@gmail.com

ISBN 979-11-5768-340-6 13760

© 주장수, 2018

이 도서의 국립중앙도서관 출판예정도서목록(CIP)은 서지정보유통지원시스템 홈페이지(http://seoji.go.kr)와
국가자료공동목록시스템(http://www.nl.go.kr/kolisnet)에서 이용하실 수 있습니다.
(CIP제어번호:CIP2018001057)

새로운 도서,
다양한 자료
동양북스
홈페이지에서
만나보세요!

www.dongyangbooks.com
m.dongyangbooks.com

※ 학습자료 및 MP3 제공 여부는 도서마다 상이하므로 확인 후 이용 바랍니다.

홈페이지 도서 자료실에서 학습자료 및 MP3 무료 다운로드

PC

❶ 홈페이지 접속 후 도서 자료실 클릭
❷ 하단 검색 창에 검색어 입력
❸ MP3, 정답과 해설, 부가자료 등 첨부파일 다운로드
* 원하는 자료가 없는 경우 '요청하기' 클릭!

MOBILE

* 반드시 '인터넷, Safari, Chrome' App을 이용하여 홈페이지에 접속해주세요. (네이버, 다음 App 이용 시 첨부파일의 확장자명이 변경되어 저장되는 오류가 발생할 수 있습니다.)

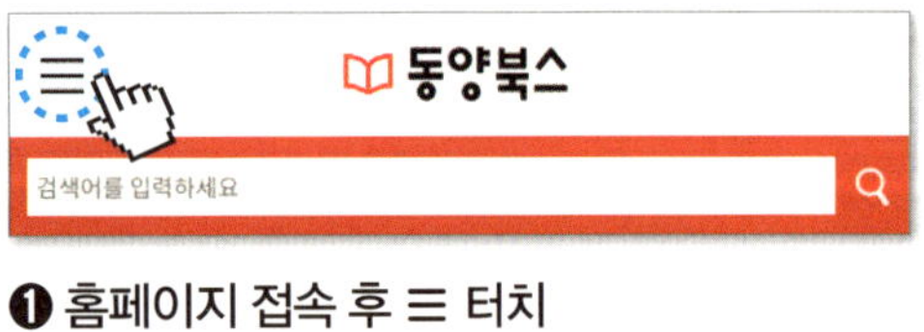

❶ 홈페이지 접속 후 ≡ 터치

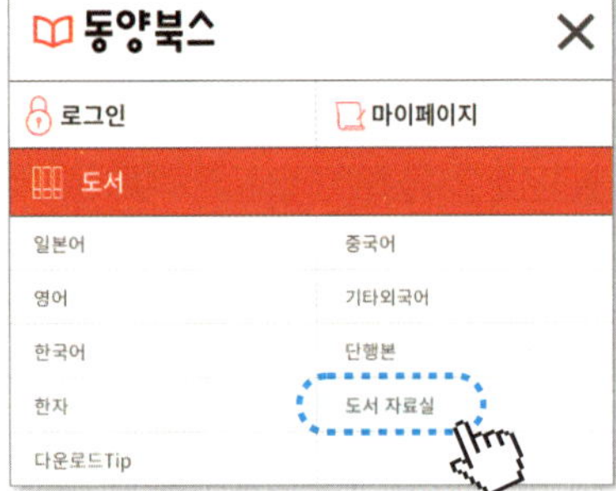

❷ 도서 자료실 터치

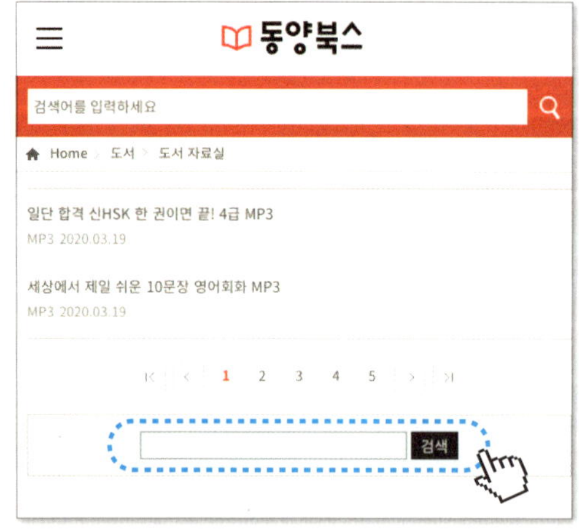

❸ 하단 검색창에 검색어 입력
❹ MP3, 정답과 해설, 부가자료 등 첨부파일 다운로드
* 압축 해제 방법은 '다운로드 Tip' 참고

Bonjour,

아름다운 프랑스어를 배우고자 결심하신 여러분을 진심으로 환영합니다.

부디 이 교재와 함께 원하시는 목적을 꼭 이루어내시기를 소망해 봅니다.

10년이 넘도록 지금까지 강의를 하면서 많은 학생들의 고충을 접해 왔습니다.

한국의 대학에서 프랑스어를 전공하고 프랑스에 오신 분들이 처음 몇 개월 동안 대화가 잘 되지 않아 힘들어 하시는 것도 많이 보았습니다.

언어는 주고 받는 의사전달 수단이기 때문에 단순 암기가 아닌 지속적인 대화를 통해 숙달되어야 하며 무엇보다 정확한 지식을 바탕으로 확실하게 기초 실력을 쌓는 것이 가장 중요하다고 할 수 있습니다. 왜냐하면 어느 시점에 도달했을 때부터는 탄력을 받게 되고 빠른 속도로 실력이 향상되기 때문입니다.

요즘은 휴대폰 어플리케이션과 같은 다양한 수단을 통해서도 쉽게 학습을 할 수 있습니다만, 체계적이지 않은 몇 가지의 문법과 단어로 기초 실력이 다져질까 하는 의구심이 듭니다. 기왕에 프랑스어 공부를 결심했다면 체계적으로 기초를 다져야겠지요. 기초 실력이 내 것이 되는 순간부터 프랑스는 먼 나라가 아닙니다. 현지인과 대화하면서 함께 웃고 즐기는 현실이 가까워지니까요.

이번에 다시 한 번 동양북스를 통해 독학 프랑스어 교재를 출간하게 되었습니다. 2007년 발간하여 현재까지 프랑스어 교재 베스트셀러 1위를 지키고 있는 〈가장 쉬운 프랑스어 첫걸음의 모든 것〉과는 다른 형태로 고민해 보았습니다. 그리고 독학으로 외롭게 프랑스어와 씨름하게 될 독자의 입장에서 생각했습니다. 새로운 이 책에서는 저만의 노하우를 다시 한 번 더 보여드려야겠다는 생각을 가지고 집필했습니다.

이 책은 프랑스 현지에서의 생활상을 주제로 선정하였고, 기초 문법과 단어를 변환하면서 연습문제를 풀어가다 보면 실력이 향상되도록 심플하게 꾸몄습니다. 또한 우리가 비교적 자주 접해 왔던 영어와 비교하면서 쉽게 프랑스어를 이해하고 적응할 수 있도록 간단한 설명을 추가하였고 책 후반부에서는 앞에서부터 배워 온 단어들을 검사해 보고 어휘력을 넓힐 수 있도록 구성하였습니다.

이 책을 통하여 반복적으로 쓰고 소리 내어 읽으면서 차근차근 학습해 나간다면 머지않아 확실한 기초 실력을 갖추게 될 것이라고 믿어 의심치 않습니다.

끝으로 좋은 교재를 만들도록 많은 협조를 아끼지 않으신 동양북스의 노고에 큰 감사를 드리며, 이 책으로 프랑스어 공부를 시작하시는 여러분을 진심으로 다시 한 번 응원합니다!

Impossible n'est pas français. 불가능은 프랑스어가 아니다 – 나폴레옹

저자 주장수

차례 Table des matières

가장 쉬운 독학 프랑스어 첫걸음은 다음과 같이 구성됩니다.

본책을 중심으로 학습하면서 워크북과 핸드북, 그리고 MP3 음원도 활용하세요.

L'introduction 준비 과정

준비 과정을 통해 본격적인
프랑스어 학습에 앞서 준비해 보세요.
프랑스어 문자와 발음, 기본적인 문장을
듣고, 읽고, 반복해서 쓰다 보면
저절로 기초 실력이 쌓입니다.

문법콕콕

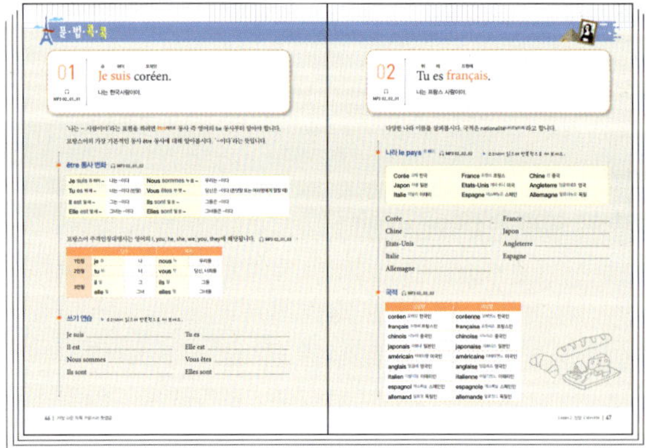

핵심 문법을 문장 형태로 제시합니다.
제시된 문장과 관련된
프랑스어 문법, 단어와 활용 표현을
배울 수 있습니다.
가장 기본이 되는 부분이므로
천천히 학습하세요.

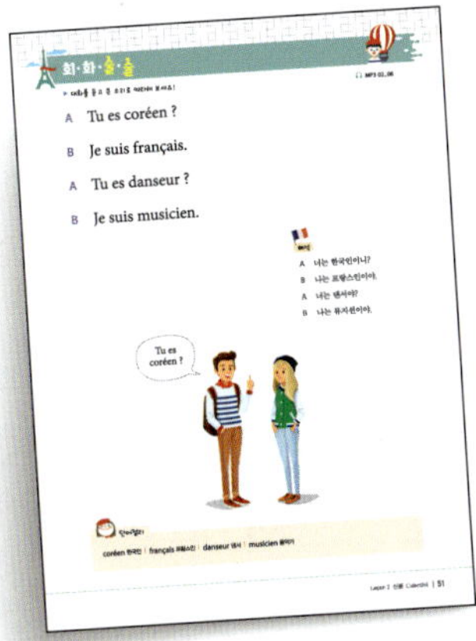

회화술술

앞에서 일부 제시되었던 문장을
회화문 형태로 제시했습니다.
아래에 정리되어 있는 단어와 표현도
놓치지 말고 학습하세요.

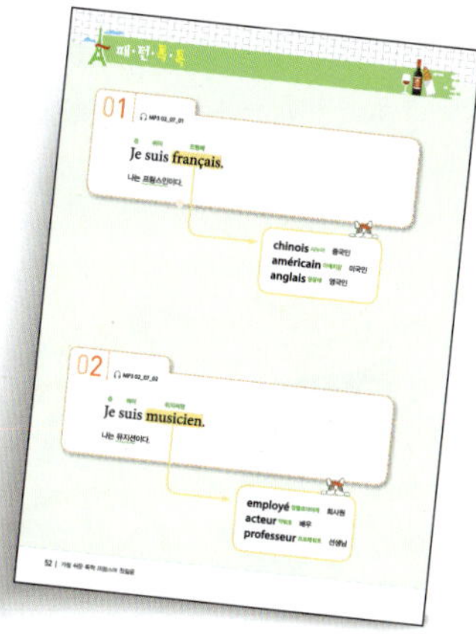

패턴톡톡

문법콕콕에서 배운 문장에
단어를 바꾸면서
패턴학습을 합니다.
원어민 발음을 듣고 따라하면서
문장을 외우면 실력이
금방 향상됩니다.

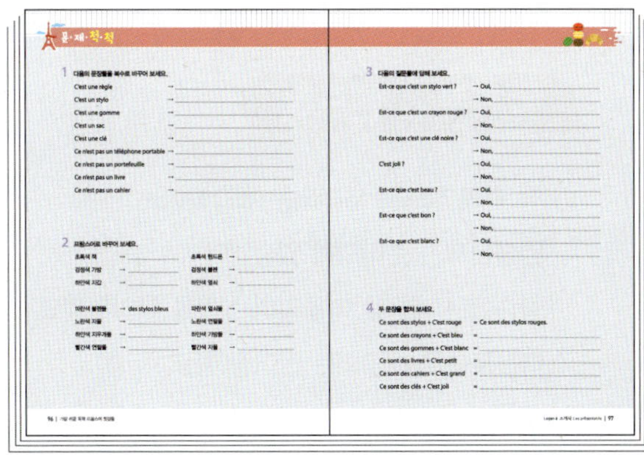

문제척척

다양한 유형의 연습문제로
실력을 점검해 보세요.
동사 활용, 단어 바꾸기 등
자주 써보고 반복할수록
프랑스어에 익숙해집니다.

프랑스 문화 엿보기

프랑스의 문화를
살짝 엿보는 코너입니다.
공부한다는 생각은 잠시 접어두고
중간중간 쉬어 가는 느낌으로
즐겨 주세요.

워크북 & 핸드북

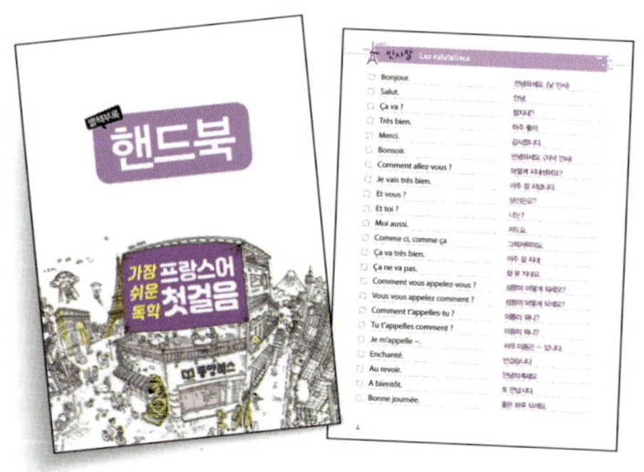

책 속의 책으로 분리되는 워크북에는
연습문제가 준비되어 있습니다.
학습했던 내용을 떠올리며 실력을 확인하세요.
다운로드로 제공되는 단어장에는
주제별 어휘가 정리되어 있습니다.

MP3

원어민이 녹음한 MP3 음원을 제공합니다.
MP3 파일은 동양북스 홈페이지에서도
무료로 다운받을 수 있습니다.

동영상 강의, 팟캐스트 음성 강의

혼자서도 쉽고 재미있게 학습할 수 있도록 동영상 강의와 팟캐스트 음성 강의를 제공합니다.

동영강 강의 시청 방법

1. 스마트폰으로 시청 시

스마트폰의 QR 코드 리더 어플로 QR 코드를 찍으면
동양북스 홈페이지로 이동합니다.

2. 컴퓨터로 시청 시

동양북스 홈페이지(www.dongyangbooks.com)에서 시청 가능합니다.
홈페이지 상단 바 우측에 위치한 '동영상' 클릭

팟캐스트 오디오 해설 강의 청취 방법

1. 아이폰 사용자

 PODCAST 앱에서 '가장 쉬운 독학 프랑스어 첫걸음'을 검색하세요.

2. 안드로이드 사용자

 팟빵 어플에서 '가장 쉬운 독학 프랑스어 첫걸음'을 검색하세요.

3. 컴퓨터로 청취 시

- 팟빵 http://www.podbbang.com에 접속하여 "동양북스" 검색
- 애플 iTunes 프로그램에서 "동양북스" 검색

학습플랜

Day 1 월 일	Day 2 월 일	Day 3 월 일
☐ Leçon 1	☐ 워크북 1과	☐ Leçon 2 + 워크북 2과

Day 7 월 일	Day 8 월 일	Day 9 월 일
☐ Leçon 5 + 워크북 5과	☐ Leçon 6 + 워크북 6과	☐ 4~6과 복습

Day 13 월 일	Day 14 월 일	Day 15 월 일
☐ 7~9과 복습	☐ 밀린 진도 따라잡기	☐ Leçon 10 + 워크북 10과

Day 19 월 일	Day 20 월 일	Day 21 월 일
☐ Leçon 13 + 워크북 13과	☐ Leçon 14 + 워크북 14과	☐ Leçon 15 + 워크북 15과

Day 25 월 일	Day 26 월 일	Day 27 월 일
☐ Leçon 18 + 워크북 18과	☐ 16~18과 복습	☐ 밀린 진도 따라잡기

Day 4 월 일	**Day 5** 월 일	**Day 6** 월 일
☐ Leçon 3 + 워크북 3과	☐ 1~3과 복습	☐ Leçon 4 + 워크북 4과

Day 10 월 일	**Day 11** 월 일	**Day 12** 월 일
☐ Leçon 7 + 워크북 7과	☐ Leçon 8 + 워크북 8과	☐ Leçon 9 + 워크북 9과

Day 16 월 일	**Day 17** 월 일	**Day 18** 월 일
☐ Leçon 11 + 워크북 11과	☐ Leçon 12 + 워크북 12과	☐ 10~12과 복습

Day 22 월 일	**Day 23** 월 일	**Day 24** 월 일
☐ 13~15과 복습	☐ Leçon 16 + 워크북 16과	☐ Leçon 17 + 워크북 17과

Day 28 월 일	**Day 29** 월 일	**Day 30** 월 일
☐ Leçon 19 + 워크북 19과	☐ Leçon 20 + 워크북 20과	☐ 19~20과 복습

Leçon 1

L'introduction
준비과정

무료 MP3 바로 듣기

중요 포인트

알파벳 L'alphabet
발음 La prononciation
인사말 Les salutations

01 알파벳 L'alphabet

프랑스어 알파벳은 다음과 같습니다.

CD를 듣고 발음을 여러 번 반복해서 따라해 주세요.　　🎧 MP3 01_01_01

A	B	C	D	E	F	G
아	베	쎄	데	으	에프	쥬에
H	**I**	**J**	**K**	**L**	**M**	**N**
아슈	이	지	꺄	엘	엠	엔
O	**P**	**Q**	**R**	**S**	**T**	**U**
오	뻬	뀌	에흐	에쓰	떼	위
V	**W**	**X**	**Y**	**Z**		
베	두블르베	익쓰	이그헥	제드		

프랑스어는 아래와 같은 모음과 자음으로 구성되어 있습니다.　　🎧 MP3 01_01_02

Voyelles (모음)

A	아	E	으
I	이	O	오
U	위	Y	이그헥

Consonnes (자음)

B	베	C	쎄	D	데	F	에프	G	제
H	아슈	J	지	K	꺄	L	엘	M	엠
N	엔	P	뻬	Q	뀌	R	에흐	S	에쓰
T	떼	V	베	W	두블르베	X	익쓰	Z	제드

대문자 ▶ 대문자를 써 보세요.

A	B	C	D	E	F	G
H	I	J	K	L	M	N
O	P	Q	R	S	T	U
V	W	X	Y	Z		

소문자 ▶ 소문자를 써 보세요.

a	b	c	d	e	f	g
h	i	j	k	l	m	n
o	p	q	r	s	t	u
v	w	x	y	z		

02   발음규칙 Règles de prononciation

1. 유의해야 할 자음

🎧 MP3 01_02_01

F | '에프'는 영어의 F와 같습니다. '프'는 윗니와 아랫입술이 살짝 닿으면서 발음이 됩니다. 절대로 두 입술이 닿으면서 발음이 되면 안 됩니다. 그러면 P 발음이 나기 때문입니다.

G | '쥐에'를 빨리 발음하는 것과 비슷합니다. 혀가 입 천장에 닿지 않도록 발음하는 것이 중요합니다.

H | '아슈' 역시 '아'를 강조하고 '슈'는 살짝 발음합니다. 조용히 '쉿' 할 때의 발음과 매우 흡사합니다.

J | '쥐이'를 빨리 발음하는 것과 비슷합니다. 혀가 입 천장에 닿지 않도록 발음하는 것이 중요합니다.

K | '까'가 아니고 '꺄' 발음입니다.

R 프랑스어에서 가장 어려운 발음이라고 할 수 있습니다. 가래침을 뱉을 때 내는 소리 같기도 합니다. CD를 듣고 이 발음을 정확히 연습하셔야 합니다. 프랑스어에서는 'ㅎ' 발음이 없지만 발음을 우리말로 옮길 때 'ㅎ'가 나오면 이 발음으로 해 주세요.

S 영어의 s와 같습니다. '에쓰'의 '쓰'가 아주 약하게 발음됩니다.

U 우리말에서는 없는 발음으로 입모양은 '우' 모양으로 고정시키고 실제로는 '위' 소리를 내 주면 좋은 발음이 나옵니다.

V 윗니와 아랫입술이 닿으면서 '베' 소리가 나기 때문에 두 입술이 닿으면서 발음하는 b와는 확실히 구별이 되어야 합니다.

W double v(두블르베), 즉 v가 2개 있다는 뜻입니다.

Y i grec(이그헥), 즉 그리스의 i라는 뜻입니다.

Z 발음은 영어와 같이 g나 j와는 구별이 되어야 합니다. 입모양은 마치 s 발음을 하는 것과 같지만 내는 소리는 'ㅈ' 소리를 내면 좋은 소리가 나옵니다.

2. 단모음자

원래의 발음 그대로 읽습니다.

A
'아'라고 발음합니다.
papa [빠빠] 아빠   **allo** [알로] 여보세요

O
'오'라고 발음합니다.
moto [모또] 오토바이   **loto** [로또] 로또

I
'이'라고 발음합니다.
ami [아미] 친구   **ici** [이씨] 여기

U
'위'와 비슷한 발음이지만 입모양은 '우', 내는 소리는 '위'로 발음합니다.
tu [뛰] 너   **futur** [퓌뛰흐] 미래

E
'으'와 비슷한 발음이지만 입모양은 '우', 내는 소리는 '으'로 하면 좋은 발음이 나옵니다.
demi [드미] 절반   **menu** [므뉘] (세트)메뉴

E
중요 e 다음에 자음이 오는 경우 '으'가 아닌 '에' 발음이 납니다.
elle [엘] 그녀는   **merci** [메흐씨] 고마워요

☞ 프랑스어에서는 단어 끝에 오는 자음을 발음하지 않습니다.
규칙상 발음이 되는 끝자음은 C, R, F, L에 해당되지만 항상 발음이 되는 것은 아닙니다.

발음이 되는 끝자음의 예 : lac [락] 호수   positif [뽀지띠프] 긍정적인
normal [노흐말] 정상적인   mer [메흐] 바다

☞ 단, 동사원형에 있는 끝자음 R는 발음을 하지 않습니다.
parler [빠흘레] 말하다   habiter [아비떼] ~에 살다

☞ 프랑스어에서 복수의 s는 발음이 되지 않습니다.
stylo [스띨로] 펜   stylos [스띨로] 펜들
gomme [곰] 지우개   gommes [곰] 지우개들

3. 복합모음자

MP3 01_02_03

e 위에 accent(악썽)이 붙으면 '으'가 아닌 '에' 발음이 됩니다.

또한 두 개 이상의 모음이 모이면 다른 하나의 모음을 이루기도 합니다. 예를 들어 a(아)와 i(이)가 합쳐지면 '아이'가 아닌 ai(에) 발음을 합니다.

é = è = ê = ai = ei

모두 '에'로 발음합니다.
(첫 시작의 효율성을 위해 발음을 단일화하였습니다.)

é

été [에떼] 여름
Corée [꼬헤] 한국

café [까페] 커피
école [에꼴] 학교

è

très [트헤] 매우
père [뻬흐] 아버지

lumière [뤼미에흐] 빛
mère [메흐] 어머니

ê

fête [펱] 축제
être [에트흐] 존재하다, be

tête [뗕] 머리
fenêtre [프네트흐] 창문

ai

mais [메] 그러나
vrai [브헤] 진실한

maison [메종] 집
aide [에드] 도움

ei

neige [네즈] 눈
seine [쎈] 세느강

peine [뻰] 고통
reine [헨] 여왕

au = eau = o

3가지 모두 우리말의 '오'로 발음합니다.
(첫 시작의 효율성을 위해 발음을 단일화하였습니다.)

au

aussi [오씨] ~도 　　**au**truche [오트히슈으] 타조
autre [오트흐] 다른 　　rest**au**rant [헤쓰또헝] 식당

eau

eau [오] 물 　　b**eau**té [보떼] 아름다움
chât**eau** [샤또] 성 　　bat**eau** [바또] 배

ou

우리말의 '우' 발음입니다.

ou

oui [우이] 네 　　v**ou**s [부] 당신
j**ou**rnée [쥬흐네] 하루 　　bonj**ou**r [봉쥬흐] 안녕하세요
carref**ou**r [까흐푸흐] 사거리 　　tous les j**ou**rs [뚤레쥬흐] 매일

eu = œu

e와 같은 발음입니다. 입모양은 '우'로 고정시키고 내는 소리는
'으'를 하면 좋은 발음이 됩니다.

eu
œu

bl**eu** [블르] 파랑색 　　j**eu** [즈] 게임
d**eu**x [드] 2 　　v**œu** [브] 소원 (œ = oe)

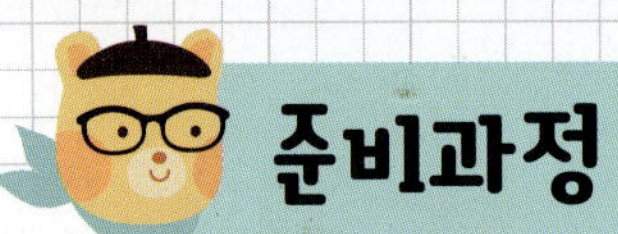

eur, euse, œur

우리말에는 없는 발음입니다. '워'와 비슷하지만 입 모양을 '우'로 고정시키고 내는 소리는 '워'로 하면 됩니다.

eur	**h**eure [워흐] 시간	**bonh**eur [보눠흐] 행복함

euse	**chant**euse [성뭐즈] 여자가수

œur	**s**œur [쒀흐] 여자형제

oi

이 발음은 절대로 '오이'가 아니라 '우아'라고 해야 합니다.

oi	**n**oir [누아흐] 검정	**s**oir [쑤아흐] 저녁
	toi [뚜아] 너	**au rev**oir [오흐부아흐] 안녕히 계세요

참고

☞ 단, '오아' 발음이 나는 경우도 있으니 꼭 올바른 발음으로 해 주세요.
cr**oi**ssant [크호아썽] 크로아쌍   m**oi** [모아] 나

4. 비모음자

모음과 자음이 합쳐져서 새로운 발음이 생기는데 모음과 n 또는 m이 합쳐질 때는 우리말의 'ㄴ'과 'ㅁ' 발음이 아닌 'ㅇ' 발음이 되므로 주의해서 읽어야 합니다.

an = am = en = em 이 4가지 모두 '엉'으로 발음해 주세요. 절대로 '앙'이 아닙니다.

an	**chan**son [셩쏭] 노래 **an**glais [엉글레] 영국사람, 영국말	santé [썽떼] 건강 fran**ç**ais [프헝쎄] 프랑스사람, 프랑스말
am	**cha**mps [셩] 숲	**cha**mpion [셩삐옹] 챔피언
en	**en**fant [엉펑] 어린이 r**en**dez-vous [헝데부] 약속	**en**chanté [엉셩떼] 반갑습니다 **en**core [엉꼬흐] 다시
em	**em**ployé [엉쁠로아이에] 회사원	t**em**ps [떵] 시간, 날씨

on = om 2가지 모두 우리말의 '옹'으로 발음하면 됩니다.

on om	n**on** [농] 아니요 s**on** [쏭] 소리 n**om** [농] 성, 이름	b**on** [봉] 좋은, 맛있는 pantal**on** [뻥딸롱] 바지 pard**on** [빠흐동] 미안합니다

in = im = ain = aim = yn = ym = ein = un = um = (i)en

in과 ain 형태를 가장 많이 보게 되는데 모두 똑같이 '앙'으로 발음해 주세요. 절대로 '엥'이 아닙니다.

in		
	vin [방] 와인	**fin** [팡] 끝
	enfin [엉팡] 드디어	**printemps** [프항떵] 봄

im		
	simple [쌍쁠르] 간단한	**impossible** [앙뽀씨블르] 불가능

ain		
	main [망] 손	**demain** [드망] 내일
	copain [꼬빵] 친구	**américain** [아메히꺙] 미국인

aim		
	faim [팡] 배고픔	**aimer** [에메] 좋아하다 (ai / mer)

ym		
	sympa [쌍빠] 쿨한	**symbole** [쌍볼] 상징

yn		
	syndicat [쌍디꺄] 조합, 협회	**synthétique** [쌍떼띡] 종합적인, 총괄적인

ein		
	plein [쁠랑] 가득	**ceinture** [쌍뛰흐] 벨트

un		
	un [앙] 1	**brun** [브항] 갈색머리의

um	**parf**um** [빠흐팡] 향수	**h**um**ble** [앙블르] 겸손한

(i)en	**bi**en** [비앙] 좋게	**de ri**en** [드히앙] 천만에요

oin '오인'이 아닌 '우앙'입니다.

oin	**p**oin**t** [뿌앙] 점 **c**oin** [꾸앙] 구석	**l**oin** [루앙] 멀리 **bes**oin** [브주앙] 필요

참고

☞ **음절 끊는 법**

자음 뒤에 모음이 오면, 그 자음은 뒤에 오는 모음에 사용되는 것이 규칙입니다.

animal [아니말]	→ a / ni / mal : 동물
maman [마멍]	→ ma / man : 엄마
ensemble [엉썽블르]	→ en / sem / ble : 함께
piano [삐아노]	→ pi / a / no : 피아노
jouer [쥬에]	→ jou / er : 놀다, play
nuage [뉘아쥬]	→ nu / a / ge : 구름
étudiant [에뛰디엉]	→ é / tu / di / ant : 학생
aller [알레]	→ al / ler : 가다

5. C와 G의 발음

MP3 01_02_05

C [쎄]와 G [제]는 뒤에 오는 모음에 따른 두 가지 발음이 있습니다.

C - k 발음

ca [꺄] **cahier** [꺄이에] 공책
co [꼬] **Corée** [꼬헤] 한국
cu [뀌] **cuisine** [뀌이진] 부엌, 요리

C - s 발음

ce [쓰] **France** [프헝쓰] 프랑스
ci [씨] **ciel** [씨엘] 하늘

참고

☞ 단, c 아래에 cédille(쎄디으)를 붙히면 s발음이 납니다.

ça [싸] français [프헝쎄] 프랑스사람
ço [쏘] leçon [르쏭] 과, 레슨
çu [쒸] reçu [흐쒸] 영수증

G - ㄱ 발음

ga [갸] **garçon** [갸흐쏭] 소년
go [고] **goût** [구] 맛
gu [귀] **aigu** [에귀] 고음

G - ㅈ 발음

ge [즈] **ange** [엉즈] 천사
gi [지] **gilet** [질레] 조끼

참고

☞ 단, g 뒤에 e가 올 때는 'ㄱ' 발음이 'ㅈ'으로 바뀝니다.

gea [자] geo [조] geu [즈]
largeur [라흐줘흐] 넓이

☞ 또한 g 뒤에 u가 올 때에는 'ㅈ' 발음을 'ㄱ'으로 해 줍니다.

gue [규으] langue [렁규으] 혀, 언어
gui [기] guitare [기따흐] 기타

6. 주의해야 할 발음

🎧 MP3 01_02_06

자음이 상황에 따라 원래의 발음이 아닌 다른 발음을 내는 경우를 알아 두세요.

s
s가 모음 사이에 있을 때에는 z 발음이 납니다.
rose [호즈] 장미　　　　　**visage** [비자쥬] 얼굴

tion
t가 s 발음이 나서 '씨옹'이라고 읽습니다.
action [악씨옹] 액션　　　　**attention** [아떵씨옹] 조심

qu
u발음 없이 k처럼 발음합니다.
qui [끼] 누구(ki)　　　　**question** [께쓰치옹] 질문(kestion)

x
4가지 발음이 있습니다.
dix [디쓰] 10(s 발음)　　　　**dixième** [디지엠] 10번째(z 발음)
taxe [딱쓰] 세금(acs 발음)　　**exercice** [에그제흐씨쓰] 연습(cz 발음)

ch
'슈' 발음과 비슷합니다.
chanteur [성뚸흐] 가수　　　　**chocolat** [쇼꼴라] 초콜릿

gn
'니으'를 한 음절로 빨리 발음하는 것과 유사합니다. 우리말로는 '뉴'라고 표시하겠습니다.
cognac [꼬냑] 꼬냑　　　　**champagne** [성빠뉴으] 샴페인

| **ph** | f와 같습니다.
phrase [프하즈] 문장   **ph**ilosophie [필로조피] 철학 |

| **sc** | 두 가지 발음이 있습니다.
science [씨엉쓰] 과학(s 발음)   **sc**ulpture [스뀔뛰흐] 조각(sk 발음) |

| **h** | 프랑스어에서는 'ㅎ' 발음이 없기 때문에 발음을 하지 않습니다.
homme [옴] 남자   **h**ôpital [오삐딸] 병원 |

| **à â ô**
ù î | 알파벳 위에 악썽이 없는 것과 똑같이 발음합니다.
à [아] ~에서   **â**me [암] 영혼
hô**tel** [오뗄] 호텔   **o**ù [우] 어디
s'il vous plaît [씰부쁠레] 부탁합니다(please) |

y	y는 마치 i가 2개 있는 것처럼 읽습니다. 예 : voyage = voi [부아] + iage [이아쥬] crayon [크헤이옹] 연필 yeux [이의] 눈 (복수)
lle	L발음이 아닌 Y와 같은 소리가 납니다. 마치 LL을 Y로 바꾼 듯이 읽어 주세요. famille [파미의] 가족 fille [피의] 소녀
aille = ail	'이이으'라고 발음합니다. Versailles [베흐싸이으] 베르사유 궁전 ail [아이으] 마늘
eille = eil	'에이으'로 발음합니다. Marseille [마흐쎄이으] 마르세이유 soleil [쏠레이으] 태양
euille = œil	'어이으'로 발음합니다. o와 e가 붙은 œ는 e dans l'o라고 부릅니다. feuille [퍼이으] 잎 œil [어이으] 눈

03 따라하기| Répétez

1. 따라 읽기

음원 파일을 들으면서 따라하면 자연스럽게 읽는 법에 익숙해집니다.   🎧 MP3 01_03_01

a 발음

a	ma	na	ba	ta	da	pa	sa	ha
la	va	ra	ja	za	fa	ya	ga	ca

e 발음

e	me	ne	be	te	de	pe	se	he
le	ve	re	je	ze	fe	ye	ge	ce

i 발음

i	mi	ni	bi	ti	di	pi	si	hi
li	vi	ri	ji	zi	fi	yi	gi	ci

o 발음

o	mo	no	bo	to	do	po	so	ho
lo	vo	ro	jo	zo	fo	yo	go	co

u 발음

u	mu	nu	bu	tu	du	pu	su	hu
lu	vu	ru	ju	zu	fu	yu	gu	cu

é 발음

é	mé	né	bé	té	dé	pé	sé	hé
lé	vé	ré	jé	zé	fé	yé	gé	cé

è 발음

è	mè	nè	bè	tè	dè	pè	sè	hè
lè	vè	rè	jè	zè	fè	yè	gè	cè

ê 발음

ê	mê	nê	bê	tê	dê	pê	sê	hê
lê	vê	rê	jê	zê	fê	yê	gê	cê

ai 발음

ai	mai	nai	bai	tai	dai	pai	sai	hai
lai	vai	rai	jai	zai	fai	yai	gai	cai

ei 발음

ei	mei	nei	bei	tei	dei	pei	sei	hei
lei	vei	rei	jei	zei	fei	yei	gei	cei

au 발음

au	mau	nau	bau	tau	dau	pau	sau	hau
lau	vau	rau	jau	zau	fau	yau	gau	cau

eau 발음

eau	meau	neau	beau	teau	deau	peau	seau	heau
leau	veau	reau	jeau	zeau	feau	yeau	geau	ceau

ou 발음

ou	mou	nou	bou	tou	dou	pou	sou	hou
lou	vou	rou	jou	zou	fou	you	gou	cou

eu 발음

eu	meu	neu	beu	teu	deu	peu	seu	heu
leu	veu	reu	jeu	zeu	feu	yeu	geu	ceu

eur 발음

eur	meur	neur	beur	teur	deur	peur	seur	heur
leur	veur	reur	jeur	zeur	feur	yeur	geur	ceur

euse 발음

euse	meuse	neuse	beuse	teuse	deuse	peuse	seuse	heuse
leuse	veuse	reuse	jeuse	zeuse	feuse	yeuse	geuse	ceuse

oi 발음

oi	moi	noi	boi	toi	doi	poi	soi	hoi
loi	voi	roi	joi	zoi	foi	yoi	goi	coi

an 발음

an	man	nan	ban	tan	dan	pan	san	han
lan	van	ran	jan	zan	fan	yan	gan	can

en 발음

en	men	nen	ben	ten	den	pen	sen	hen
len	ven	ren	jen	zen	fen	yen	gen	cen

on 발음

on	mon	non	bon	ton	don	pon	son	hon
lon	von	ron	jon	zon	fon	yon	gon	con

in 발음

in	min	nin	bin	tin	din	pin	sin	hin
lin	vin	rin	jin	zin	fin	yin	gin	cin

ain 발음

ain	main	nain	bain	tain	dain	pain	sain	hain
lain	vain	rain	jain	zain	fain	yain	gain	cain

un 발음

un	mun	nun	bun	tun	dun	pun	sun	hun
lun	vun	run	jun	zun	fun	yun	gun	cun

ien 발음

ien	mien	nien	bien	tien	dien	pien	sien	hien
lien	vien	rien	jien	zien	fien	yien	gien	cien

oin 발음

oin	moin	noin	boin	toin	doin	poin	soin	hoin
loin	voin	roin	join	zoin	foin	yoin	goin	coin

ille 발음

ille	mille	nille	bille	tille	dille	pille	sille	hille
lille	ville	rille	jille	zille	fille	yille	gille	cille

ase 발음

ase	miso	nusa	bési	tosu	dase	piso	susa	hési
laisé	vausou	roisan	jamsen	zonsin	fainsien	yosoin	gase	ciso

ch 발음

cha	che	chi	cho	chu	chai	ché	chau	chou	choi
chan	cham	chen	chon	chin	chain	chien	choin	chille	chose

ph 발음

pha	phe	phi	pho	phu	phai	phé	phau	phou	phoi
phan	pham	phen	phon	phin	phain	phien	phoin	phille	phose

ac 발음

ac	mac	nac	bac	tac	dac	pac	sac	hac
lac	vac	rac	jac	zac	fac	yac	gac	cac

el 발음

el	mel	nel	bel	tel	del	pel	sel	hel
lel	vel	rel	jel	zel	fel	yel	gel	cel

ir 발음

ir	mir	nir	bir	tir	dir	pir	sir	hir
lir	vir	rir	jir	zir	fir	yir	gir	cir

os 발음

osse	mosse	nosse	bosse	tosse	dosse	posse	sosse	hosse
losse	vosse	rosse	josse	zosse	fosse	yosse	gosse	cosse

uf 발음

uf	muf	nuf	buf	tuf	duf	puf	suf	huf
luf	vuf	ruf	juf	zuf	fuf	yuf	guf	cuf

2. 읽기 연습

MP3 01_03_02

음원 파일을 들으면서 따라해 주세요.

bonjour	salut	ça va	oui	merci
bonsoir	très bien	vous	et	moi
toi	au revoir	bonne journée	aussi	moi aussi
ah bon	oh là là	beaucoup de	langue	coréen
coréenne	français	française	anglais	anglaise
japonais	japonaise	chinois	chinoise	américain
américaine	italien	italienne	espagne	espagnol
aimer	beaucoup	adorer	le voyage	la lecture
la télévision	la promenade	sympa	non	gentil
généreux	sérieux	aimable	petit	petite
mince	grand	grande	beau	belle
rencontrer	pourquoi	maintenant	université	stylo
caryon	gomme	sac	cahier	ça
noir	gris	grise	jaune	rouge

04 인사말 Les salutations

반복적으로 쓰면서, 소리내어 읽어 보세요. 프랑스어의 기초적인 문장들에 자연스럽게 익숙해 질 것입니다.

🎧 MP3 01_04

Bonjour. 봉쥬흐 안녕하세요. (낮인사)

Salut. 쌀뤼 안녕.

Ça va ? 싸 바 잘지내?

Très bien. 트헤 비앙 아주 좋아.

Merci. 메흐씨 감사합니다.

Bonsoir. 봉쑤아흐 안녕하세요. (저녁 인사)

Comment allez-vous ? 꼬멍 딸레 부 어떻게 지내셨어요?

Je vais très bien. 쥬 베 트헤 비앙   아주 잘 지냅니다.

Et vous ? 에 부   당신은요?

Et toi ? 에 뚜아   너는?

Moi aussi. 모아 오씨   저도요.

Comme ci, comme ça. 꼼 씨 꼼 싸   그럭저럭이요.

Ça ne va pas. 싸 느 바 빠   잘 못 지내요.

Comment vous appelez-vous ? 꼬멍 부 자쁠레 부   성함이 어떻게 되세요?

Vous vous appelez comment ? 부 부 자쁠레 꼬멍   성함이 어떻게 되세요?

Comment t'appelles-tu ? 꼬멍 따뻴 뛰 이름이 뭐니?

Tu t'appelles comment ? 뛰 따뻴 꼬멍 이름이 뭐니?

Je m'appelle ~. 쥬 마뻴 저의 이름은 ~ 입니다.

Enchanté. 엉셩떼 반갑습니다.

Au revoir. 오 흐부아흐 안녕히계세요.

Bonne journée. 본 쥬흐네 좋은 하루 되세요.

1 받아쓰기 ▶ 발음이 들리는 대로 적어 보세요.　　　🎧 MP3 01_05

....

....

....

....

....

....

....

....

2 빈 칸에 알맞은 단어를 넣어 보세요.

① _____ va　　　　　　_____ bien　　　　　　_____ allez-vous ?

② _____ vais très bien　　　_____ vous?　　　　_____ toi ?

③ Moi _____　　　　　Comme ci, comme _____　　Ça ne _____ pas

④ _____ vous appelez-vous?　Vous vous _____ comment ?

⑤ Comment t'appelles-_____?　Tu t'appelles _____?

⑥ Je m' _____ ~　　　　　_____ revoir　　　　　_____ journée

3 빈 칸을 채워 보세요.

가로

① 안녕하세요 (낮인사)

세로

② 안녕하세요 (저녁인사)

③ 반갑습니다

④ ....m'appelle

⑤ Comment allez-..........?

⑥ 안녕

⑦ 감사합니다

Les illuminations de fin d'année dans les rues de Paris

12월 파리의 밤은 아름답고 화려한 조명으로 가득하다.
샹젤리제는 물론 에펠탑과 몽파르나스 타워 그리고 시내 곳곳마다 밝혀 놓은 불빛 향연에 축제분위기는 최고조에 이른다. 갤러리 라파예트와 쁘랭땅 백화점 쇼윈도(les vitrines des grands magasins), 그리고 그 앞 도로에 설치된 조명 장식(les illuminations de Noël) 또한 대단하다.

12월의 파리는 발 닿는 곳 모두가 불빛이다. 누구에겐 추억이 되고 또 누군가에겐 새로운 희망을 다짐하는 빛일 것이다. 특히, 유명한 샹젤리제 거리의 조명은 개선문에서 콩코드 광장까지의 2.2km 구간 양쪽 거리의 플라타너스 나무에 80만 개의 LED조명을 설치하는데 매년 11월 말경 점등식을 하고 1월 초까지 화려하게 밤을 밝힌다. 조명 컨셉은 매년 바뀌는데 늘 새롭게 느껴진다. 1980년 이 행사가 시작된 이후 파리 관광객이 20% 이상 늘어났으며 샹젤리제 거리를 세계에서 가장 화려한 거리로 만들었다.

Photo by MarinaDa / Shutterstock.com

Leçon 2

L'identité
신분

무료 MP3 바로 듣기

중요 포인트

Être 동사 Le verbe ≪être≫
국적 La nationalité
직업 Le métier

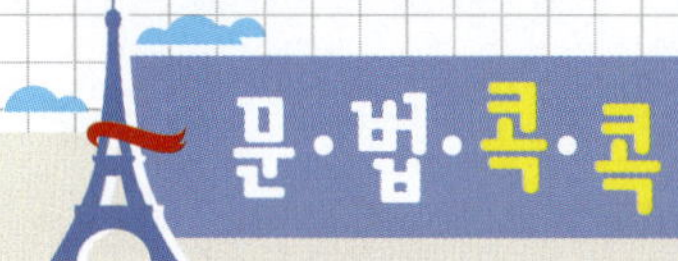

01

Je suis coréen.

🎧 MP3 02_01_01

나는 한국사람이야.

'나는 ~ 사람이야'라는 표현을 하려면 être에트흐 동사 즉 영어의 be 동사부터 알아야 합니다.

프랑스어의 가장 기본적인 동사 être 동사에 대해 알아봅시다. '~이다'라는 뜻입니다.

● être 동사 변화 🎧 MP3 02_01_02

Je suis 쥬 쒸이 ~	나는 ~이다	**Nous** sommes 누쏨 ~	우리는 ~이다
Tu es 뛰 에 ~	너는 ~이다 (반말)	**Vous** êtes 부젯 ~	당신은 ~이다 (존댓말 또는 여러명에게 말할 때)
Il est 일 레 ~	그는 ~이다	**Ils** sont 일 쏭 ~	그들은 ~이다
Elle est 엘 레 ~	그녀는 ~이다	**Elles** sont 엘 쏭 ~	그녀들은 ~이다

프랑스어 주격인칭대명사는 영어의 I, you, he, she, we, you, they에 해당됩니다.

	단수		복수	
1인칭	**je** 쥬	나	**nous** 누	우리들
2인칭	**tu** 뛰	너	**vous** 부	당신, 너희들
3인칭	**il** 일	그	**ils** 일	그들
	elle 엘	그녀	**elles** 엘	그녀들

● 쓰기 연습 ▶ 소리내어 읽으며 반복적으로 써 보세요.

Je suis ⎯⎯⎯⎯⎯⎯⎯⎯⎯⎯⎯   Tu es ⎯⎯⎯⎯⎯⎯⎯⎯⎯⎯⎯

Il est ⎯⎯⎯⎯⎯⎯⎯⎯⎯⎯⎯   Elle est ⎯⎯⎯⎯⎯⎯⎯⎯⎯⎯⎯

Nous sommes ⎯⎯⎯⎯⎯⎯⎯   Vous êtes ⎯⎯⎯⎯⎯⎯⎯⎯⎯⎯⎯

Ils sont ⎯⎯⎯⎯⎯⎯⎯⎯⎯⎯⎯   Elles sont ⎯⎯⎯⎯⎯⎯⎯⎯⎯⎯⎯

02

Tu es français.

너는 프랑스 사람이야.

MP3 02_02_01

다양한 나라 이름를 살펴봅시다. 국적은 nationalité나씨오날리떼 라고 합니다.

● 나라 le pays 르 뻬이　🎧 MP3 02_02_02 ▶ 소리내어 읽으며 반복적으로 써 보세요.

Corée 꼬헤 한국	**France** 프헝쓰 프랑스	**Chine** 신 중국
Japon 자뽕 일본	**Etats-Unis** 에따 쥐니 미국	**Angleterre** 엉글르떼흐 영국
Italie 이딸리 이탈리아	**Espagne** 에스빠뉴으 스페인	**Allemagne** 알르마뉴으 독일

Corée ....　France ....

Chine ....　Japon ....

Etats-Unis ....　Angleterre ....

Italie ....　Espagne ....

Allemagne ....

● 국적　🎧 MP3 02_02_03

남성형	여성형
coréen 꼬헤앙 한국인	**coréenne** 꼬헤엔느 한국인
français 프헝쎄 프랑스인	**française** 프헝쎄즈 프랑스인
chinois 시누아 중국인	**chinoise** 시누아즈 중국인
japonais 자뽀네 일본인	**japonaise** 자뽀네즈 일본인
américain 아메히깡 미국인	**américaine** 아메히껜느 미국인
anglais 엉글레 영국인	**anglaise** 엉글레즈 영국인
italien 이딸리앙 이태리인	**italienne** 이딸리엔느 이탈리아인
espagnol 에스빠뇰 스페인인	**espagnole** 에스빠뇰 스페인인
allemand 알르멍 독일인	**allemande** 알르멍드 독일인

03 Nous sommes coréens.

누 쏨 꼬헤앙

우리는 한국 사람이야.

MP3 02_03_01

'우리는 ~사람이야'라는 표현을 하기 위해서는 주어를 nous, 즉 영어의 we로 사용을 합니다.
그리고 단어에 s를 추가해서 복수로 만들어 줍니다.

coréen → coréens

프랑스어에서는 복수의 s를 발음하지 않는 특징이 있습니다.

한국 사람이다. (모든 인칭으로)   MP3 02_03_02   ▶ 소리내어 읽으며 반복적으로 써 보세요.

Je suis coréen

Tu es coréen

Il est coréen

Nous sommes coréens

Vous êtes coréen

Vous êtes coréens

Ils sont coréens

Je suis coréenne

Tu es coréenne

Elle est coréenne

Nous sommes coréennes

Vous êtes coréenne

Vous êtes coréennes

Elles sont coréennes

04

쥬　　쒸이　　　　에뛰디엉
Je suis étudiant.

나는 학생이야.

MP3 02_04_01

suis étudiant에서 [에뛰이엉]을 [제뛰디엉]이라고 할 수 있습니다. suis에 있는 s가 모음으로 시작하는 단어 étudiant 때문에 연음이 되기 때문입니다. s가 연음이 될 때에는 z발음으로 연음이 됩니다.

프랑스어에서 연음은 꼭 해야하는 경우, 꼭 하지 말아야 하는 경우, 그리고 연음을 해도 되고 안 해도 되는 경우 이렇게 3가지로 나누어지는데 Je suis étudiant은 3번째에 해당이 됩니다. 그래서 [쥬 쒸이 에뛰이엉]이라고 할 수도 있고 [쥬 쒸이 제뛰디엉]이라고 할 수도 있습니다.

직업에 대해 알아봅시다. (남성형–여성형) MP3 02_04_02

직업	남성형	여성형
학생	étudiant 에뛰디엉	étudiante 에뛰디엉뜨
요리사	cuisinier 뀌이지니에	cuisinière 뀌이지니에흐
회사원	employé 엉쁠로아이예	employée 엉쁠로아이예
제빵사	boulanger 불렁제	boulangère 불렁제흐
음악가	musicien 뮈지씨앙	musicienne 뮈지씨엔느
웨이터	serveur 쎄흐붸흐	serveuse 쎄흐붸즈
정비사	mécanicien 메꺄니씨앙	mécanicienne 메꺄니씨엔느
화가	peintre 빵트흐	peintre 빵트흐
댄서	danseur 덩쒀흐	danseuse 덩쒀즈
기자	journaliste 쥬흐날리스트	journaliste 쥬흐날리스트
판매원	vendeur 벙둬흐	vendeuse 벙둬즈
선생님	professeur 프호페쒀흐	professeur 프호페쒀흐
농부	agriculteur 아그히뀔뚸흐	agricultrice 아그히뀔트히쓰
의사	médecin 멛쌍	médecin 멛쌍
배우	acteur 악뙤흐	actrice 악트히쓰
공무원	fonctionnaire 퐁씨오네흐	fonctionnaire 퐁씨오네흐

문·법·콕·콕

05

MP3 02_05_01

일   레   떵쁠로아이예
Il est employé.

그는 회사원이야.

Il est employé 또한 [일 레 엉쁠로아이예]라고 할 수 있고 연음을 해서 [일 레 떵쁠로아이예]라고 할 수도 있습니다. 이 문장도 연음을 해도 되고 안 해도 되는 경우에 속합니다. t를 연음할 때에는 t 발음 그대로 연음을 합니다.

직업 말하기   MP3 02_05_02   ▶ 소리내어 읽으며 반복적으로 써 보세요.

Il est employé

Elle est employé**e**

Il est musicien

Elle est musicien**ne**

Il est vendeur

Elle est vendeu**se**

Il est cuisinier

Elle est cuisini**è**re

Il est peintre

Elle est peintre

Il est journaliste

Elle est journaliste

▶ 대화를 듣고 큰 소리로 따라해 보세요!　　🎧 MP3 02_06

A Tu es coréen ?

B Je suis français.

A Tu es danseur ?

B Je suis musicien.

해석

A 너는 한국인이니?

B 나는 프랑스인이야.

A 너는 댄서야?

B 나는 뮤지션이야.

단어정리

coréen 한국인 ┃ **français** 프랑스인 ┃ **danseur** 댄서 ┃ **musicien** 음악가

01

🎧 MP3 02_07_01

쥬　쒸이　프헝쎄
Je suis français.

나는 프랑스인이다.

02

🎧 MP3 02_07_02

쥬　쒸이　뮈지씨앙
Je suis musicien.

나는 뮤지션이다.

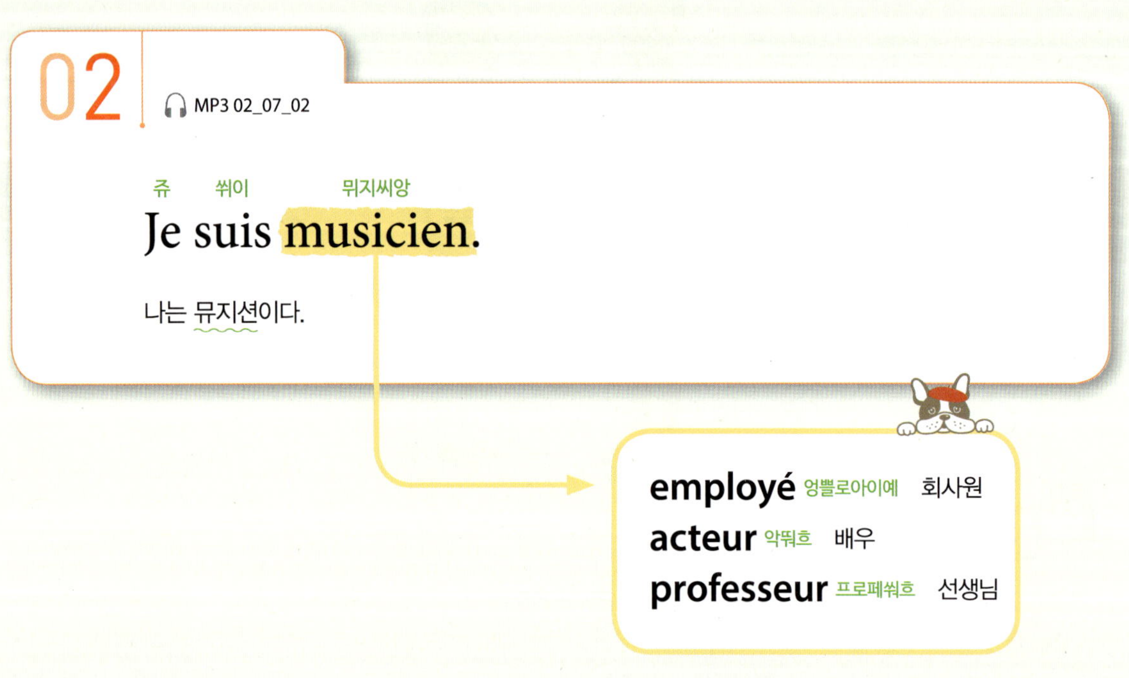

1 être 동사 변화를 해 보세요.

Je .... Nous ....

Tu .... Vous ....

Il .... Ils ....

Elle .... Elles ....

2 국적을 말해 보세요.

나라	나는 … 사람이다 (남성)	나는 … 사람이다 (여성)
France	Je suis français.	Je suis française.
Corée		
Chine		
Japon		
Etats-Unis		
Angleterre		
Italie		
Espagne		

나라	당신은 … 사람이다 (남성)	당신은 … 사람이다 (여성)
Corée	Vous êtes coréen.	Vous êtes coréenne.
France		
Chine		
Japon		
Etats-Unis		
Angleterre		
Italie		
Espagne		

3 '나는 한국 사람이다'를 모든 인칭으로 말해 보세요.

남성	여성
Je suis coréen.	Je suis coréenne.
Tu	Tu
Il	Elle
Nous	Nous
Vous êtes coréen.	Vous
Vous êtes coréens.	Vous
Ils	Elles

4 단어를 완성해 보세요.

(1) 나라이름

- COR_E
- F_ANCE
- JAP_N
- CHIN_
- _TATS-UNIS

(2) 국적

- FRAN_AIS
- AN_LAIS
- ESPA_NOL
- CHIN_IS
- COR_EN

(3) 직업

- _TUDIANT
- ACTE_R
- _EINTRE
- MED_CIN
- PROFE_SEUR

La présentation
자기소개

무료 MP3 바로 듣기

중요 포인트

말하다 Le verbe ≪parler≫
살다 Le verbe ≪habiter≫
부정문 La négation 'ne ~ pas'

01

쥬　빠흘르　꼬헤앙
Je parle coréen.

나는 한국말을 해.

MP3 03_01_01

'나는 ~말을 한다'라는 표현을 하려면 parler^{빠흘레} 동사, 즉 영어의 speak 동사를 배워야 합니다. 프랑스어에서는 동사원형이 -er로 끝나는 동사를 1군동사라고 하며 규칙적으로 동사변화가 됩니다.

> 1군동사의 동사변화 형태 : -e, -es, -e, -ons, -ez, -ent

parler 동사 변화　MP3 03_01_02

Je parle 쥬 빠흘르 ~	나는 ~말을 한다	**Nous parlons** 누 빠흘롱 ~	우리는 ~말을 한다
Tu parles 뛰 빠흘르 ~	너는 ~말을 한다	**Vous parlez** 부 빠흘레 ~	당신은 ~말을 한다
Il parle 일 빠흘르 ~	그는 ~말을 한다	**Ils parlent** 일 빠흘르 ~	그들은 ~말을 한다
Elle parle 엘 빠흘르 ~	그녀는 ~말을 한다	**Elles parlent** 엘 빠흘르 ~	그녀들은 ~말을 한다

언어　MP3 03_01_03　▶ 소리내어 읽으며 반복적으로 써 보세요.

coréen 꼬헤앙 한국	**français** 프헝쎄 프랑스어	**chinois** 시누아 중국어
japonais 쟈뽀네 일본어	**anglais** 엉글레 영어	**italien** 이딸리앙 이탈리아어
espagnol 에스빠뇰 스페인어	**allemand** 알르멍 독일어	**portugais** 뽀흐뛰게 포르투갈어

coréen _______________________

chinois _______________________

anglais _______________________

espagnol _______________________

français _______________________

japonais _______________________

italien _______________________

allemand _______________________

02

🎧 MP3 03_02_01

^{쟈빋} ^따 ^{쎄울}
J'habite à Séoul.

나는 서울에 살아.

'나는 ~에 산다'라는 표현을 하려면 habiter ^{아비떼} 동사, 즉 영어의 live 동사를 사용합니다.
Je 뒤에 모음 또는 h가 오는 경우 모음축약을 해서 Je → J' 형태로 만들어 줍니다. 다른 인칭에
는 모음축약이 없습니다.

^{쥬 아비뜨}   ^{쟈비뜨}
~~Je habite~~ à Séoul → J'habite à Séoul

도시 앞에는 전치사 à를 사용해서 말합니다. J'habite à Séoul 문장에서 à 바로 앞에 있는 t를
연음하게 됩니다. 이 경우는 꼭 연음을 해야 하는 경우에 속합니다. 한국말로도 '자빋 아'를 발
음하면 [자빋 아]라고 하기 보다 [자빋 따]라고 말하게 되는 것과 같습니다.

habiter 동사 변화 🎧 MP3 03_02_02

J'habite ^{쟈비뜨} ~	나는 ~에 살고있다	Nous habitons ^{누 자비똥} ~	우리는 ~에 살고있다
Tu habites ^{뛰 아비뜨} ~	너는 ~에 살고있다	Vous habitez ^{부 자비떼} ~	당신은 ~에 살고있다
Il habite ^{일 아비뜨} ~	그는 ~에 살고있다	Ils habitent ^{일 자비뜨} ~	그들은 ~에 살고있다
Elle habite ^{엘 아비뜨} ~	그녀는 ~에 살고있다	Elles habitent ^{엘 자비뜨} ~	그녀들은 ~에 살고있다

도시 – les villes ^{레빌} 🎧 MP3 03_02_03

*도시를 말할 경우 전치사 à를 사용합니다.

Séoul ^{쎄울} 서울	Busan ^{부싼} 부산	Paris ^{빠히} 파리
Pékin ^{뻬깡} 북경	Tokyo ^{토꾜} 도쿄	New York ^{뉴요흐끄} 뉴욕
Londres ^{롱드흐} 런던	Rome ^홈 로마	Madrid ^{마드히드} 마드리드
Berlin ^{베흘랑} 베를린	Marseille ^{마흐쎄이유으} 마르세이유	Lyon ^{리옹} 리옹

03

자뿐네
Je **ne** parle **pas** japonais.

쥬 느 빠흘르 빠 자뿐네

나는 일본어를 하지 않아.

MP3 03_03_01

'나는 ~말을 하지 않는다'라는 표현을 하려면 〈ne느 + 동사 + pas빠〉를 사용해서 부정문을 만듭니다.

● **parler 동사의 부정문을 만들어 봅시다. (~말을 하지 않아요)** MP3 03_03_02

Je ne **parle** pas 쥬 느 빠흘르 빠 ~	**Nous** ne **parlons** pas 누 느 빠흘롱 빠 ~
Tu ne **parles** pas 뛰 느 빠흘르 빠 ~	**Vous** ne **parlez** pas 부 느 빠흘레 빠 ~
Il ne **parle** pas 일 느 빠흘르 빠 ~	**Ils** ne **parlent** pas 일 느 빠흘르 빠 ~
Elle ne **parle** pas 엘 느 빠흘르 빠 ~	**Elles** ne **parlent** pas 엘 느 빠흘르 빠 ~

● **쓰기 연습 (~는 일본어를 하지 않아요)** ▶ 소리내어 읽으며 반복적으로 써 보세요.

Je **ne** parle **pas** japonais 쥬 느 빠흘르 빠 자뽀네 ______________________

Tu **ne** parles **pas** japonais 뛰 느 빠흘르 빠 자뽀네 ______________________

Il **ne** parle **pas** japonais 일 느 빠흘르 빠 자뽀네 ______________________

Elle **ne** parle **pas** japonais 엘 느 빠흘르 빠 자뽀네 ______________________

Nous **ne** parlons **pas** japonais 누 느 빠흘롱 빠 자뽀네 ______________________

Vous **ne** parlez **pas** japonais 부 느 빠흘레 빠 자뽀네 ______________________

Ils **ne** parlent **pas** japonais 일 느 빠흘르 빠 자뽀네 ______________________

Elles **ne** parlent **pas** japonais 엘 느 빠흘르 빠 자뽀네 ______________________

04

쥬　나비뜨　빠　자　쎄울
Je n'habite pas à Séoul.

MP3 03_04_01

나는 서울에 살지 않아.

'나는 ~에 살지 않는다'라는 표현 또한 〈ne + 동사 + pas〉를 이용한 부정문을 만듭니다. 여기서 ne 뒤에 모음 또는 h가 올 때에는 ne → n' 형태로 모음축약 합니다.

Je ~~ne habite~~ pas à Séoul → Je n'habite pas à Séoul

pas에 s는 바로 뒤에 모음이 오기 때문에 z발음으로 연음을 할 수 있습니다. 그래서 'Je n'habite pas à Séoul'을 읽을 때에 [쥬 나비뜨 빠 자 쎄울]이라고 발음을 합니다. 이 경우는 연음을 해도 되고 안 해도 되는 경우에 해당되기 때문에 [쥬 나비뜨 빠 아 쎄울]이라고 할 수도 있습니다.

● habiter 동사의 부정문을 만들어 봅시다. (~에 살지 않아요) ∩ MP3 03_04_02

Je n'habite pas 쥬 나비뜨 빠 ~	Nous n'habitons pas 누 나비똥 빠 ~
Tu n'habites pas 뛰 나비뜨 빠 ~	Vous n'habitez pas 부 나비떼 빠 ~
Il n'habite pas 일 나비뜨 빠 ~	Ils n'habitent pas 일 나비뜨 빠 ~
Elle n'habite pas 엘 나비뜨 빠 ~	Elles n'habitent pas 엘 나비뜨 빠 ~

● être 동사의 부정문을 만들어 봅시다. ∩ MP3 03_04_03

Je ne suis pas 쥬 느 쒸이 빠 ~	Nous ne sommes pas 누 느 쏨므 빠 ~
Tu n'es pas 뛰 네 빠 ~	Vous n'êtes pas 부 네뜨 빠 ~
Il n'est pas 일 네 빠 ~	Ils ne sont pas 일 느 쏭 빠 ~
Elle n'est pas 엘 네 빠 ~	Elles ne sont pas 엘 느 쏭 빠 ~

▶ 대화를 듣고 큰 소리로 따라해 보세요!　　　　　　　　　　🎧 MP3 03_05

A　Tu habites à Séoul ?

B　Je n'habite pas à Séoul.

A　Tu parles coréen ?

B　Je ne parle pas coréen.

해석

A　너는 서울에 사니?

B　나는 서울에 살지 않아.

A　너는 한국어를 (말)해?

B　나는 한국어를 하지 않아.

단어정리

habiter 살다, 거주하다 ｜ **parler** 말하다, 구사하다 ｜ **coréen** 한국어

01
🎧 MP3 03_06_01

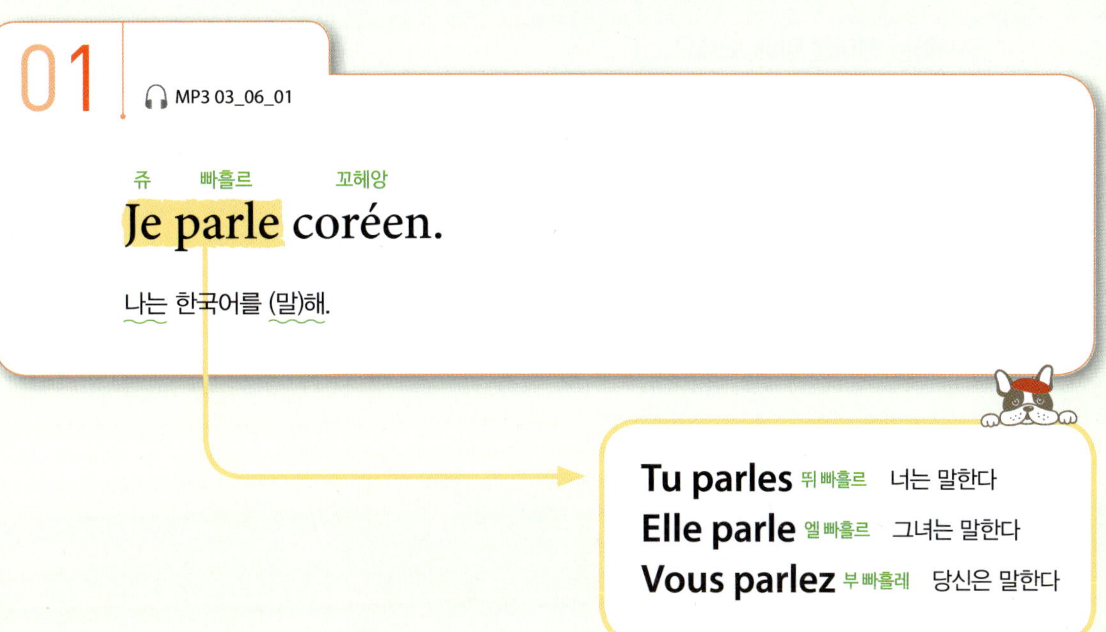

02
🎧 MP3 03_06_02

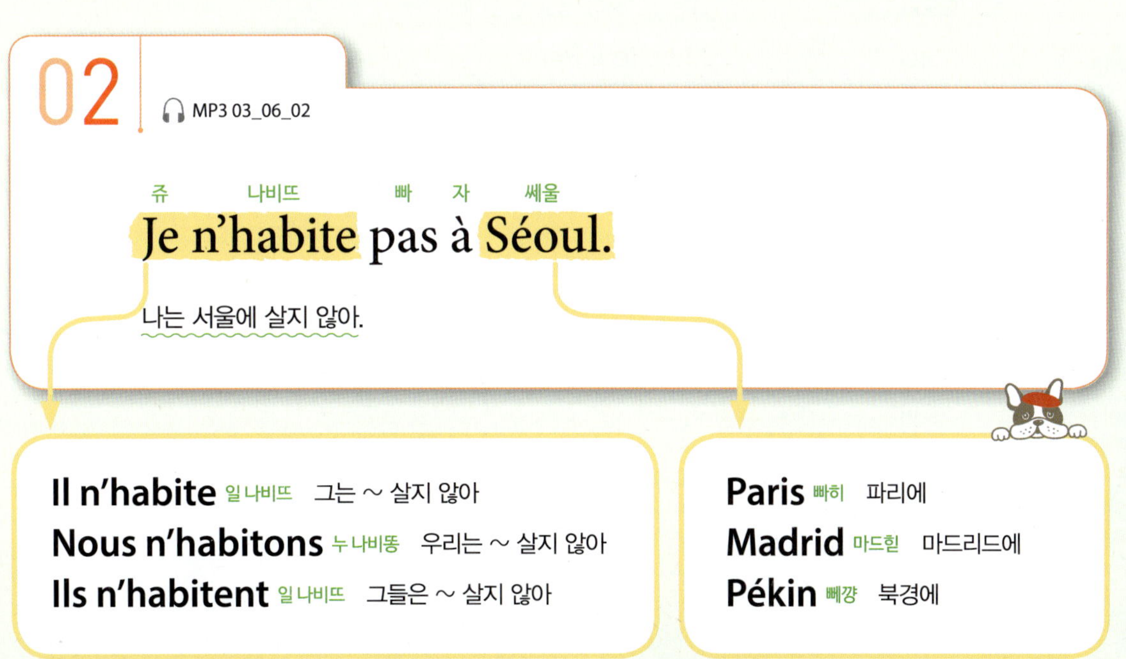

1 구사하는 언어를 말해 보세요.

언어	나는 … 말을 합니다	당신은 … 말을 합니까?
프랑스어	Je parle français.	Vous parlez français ?
한국어		
중국어		
일본어		
영어		
스페인어		
이탈리아어		
독일어		

2 사는 곳을 말해 보세요.

도시	나는 … 에서 살고 있습니다	당신은 … 에서 살고 있습니까?
파리	J'habite à Paris.	Vous habitez à Paris ?
서울		
부산		
베이징		
동경		
뉴욕		
런던		
로마		
마드리드		
베를린		

3 다음의 문장들을 부정문으로 만들어 보세요.

*동사의 앞에는 ne를, 동사의 뒤에는 pas를 넣으면 됩니다.

Je parle coréen   → ....

Tu parles français   → ....

Il parle italien   → ....

Elle parle espagnol   → ....

Nous parlons chinois   → ....

Vous parlez japonais   → ....

Ils parlent anglais   → ....

Elles parlent allemand   → ....

J'habite à Séoul   → ....

Tu habites à Paris   → ....

Il habite à Berlin   → ....

Elle habite à Tokyo   → ....

Nous habitons à Pékin   → ....

Vous habitez à Londres   → ....

Ils habitent à Lyon   → ....

Elles habitent à Marseille   → ....

Je suis coréen   → ....

Tu es français   → ....

Il est anglais   → ....

Elle est américaine   → ....

Nous sommes italiens   → ....

Vous êtes chinois   → ....

Ils sont japonais   → ....

Elles sont espagnoles   → ....

la Fête de la Gastronomie

미식의 나라로 유명한 프랑스에서는 매년 9월 말이 되면 3일 동안 프랑스 식도락 축제(la Fête de la Gastronomie)가 열린다.

2010년에 미식 분야 최초로 프랑스의 음식 문화가 〈유네스코 세계 문화유산〉으로 등재되면서 다음 해인 2011년부터 프랑스 식도락 축제가 시작되었다. 이 축제는 프랑스 재정경제부와 농업식품산림부의 적극적인 기획과 지원을 받으며 전국적인 행사로 열리는 것이다.

3일 동안 식품 전문가와 조리 Chef, 각 식품의 생산자와 음식 애호가, 포도주 업체, 여행 업계 관계자, 그리고 대중들은 모두 거리로 나와 서로의 노하우를 공유하며 요리 시연회와 요리 대회, 각종 시식회 등 다양한 볼거리와 즐길 거리를 만들어낸다. 식도락 축제라는 말 그대로 다 함께 먹으며 노는 축제를 즐기는 것이다.

혹시 이 기간에 프랑스를 여행한다면 프랑스의 다양한 요리들, 특히 프랑스의 유명한 대표 음식인 달팽이 요리 에스카르고(Escargot), 포도주로 조리한 닭고기 꼬꼬방(Coq au vin)을 추천하고 싶다. 특히 남프랑스의 마르세유 해안 쪽을 지난다면 해물 스튜 부야베스(Bouillabaisse)를 꼭 즐겨 보길 권하고 싶다.

4

Le goût
취향

무료 MP3 바로 듣기

중요 포인트

좋아하다 Le verbe ≪aimer≫
의문문 L'interrogation
부사 L'adverbe와 형용사 L'adjectif
선호하다 Le verbe ≪préférer≫

01

젬 라 뮤직
J'aime la musique.

나는 음악을 좋아해.

🎧 MP3 04_01_01

'~를 좋아한다'라는 표현을 하려면 aimer 에메 동사, 즉 영어의 like 동사를 사용합니다.

영어에서 the를 사용하거나 아무런 관사를 넣지 않는 상황에서 프랑스어에서는 정관사를 씁니다. 그리고 또 알아야 할 것은 프랑스에서는 남성형 단수, 여성형 단수, 그리고 복수형으로 나누어진다는 것입니다.

	단수	복수
남성형	le	les
여성형	la	

le, la 뒤에 모음으로 시작하는 단어가 있으면 모음축약을 해서 l'가 됩니다.

프랑스어에서는 명사마다 남성형과 여성형으로 나누어지기 때문에 단어를 외울 때 남성형인지 여성형인지도 외워야 합니다.

● aimer 동사 변화 🎧 MP3 04_01_02

J'aime 젬 ~	나는 ~를 좋아한다	**Nous aimons** 누 제몽 ~	우리는 ~를 좋아한다
Tu aimes 뛰 엠 ~	너는 ~를 좋아한다	**Vous aimez** 부 제메 ~	당신은 ~를 좋아한다
Il aime 일 렘 ~	그는 ~를 좋아한다	**Ils aiment** 일 젬 ~	그들은 ~를 좋아한다
Elle aime 엘 렘 ~	그녀는 ~를 좋아한다	**Elles aiment** 엘 젬 ~	그녀들은 ~를 좋아한다

● '~는 음악을 좋아한다' (모든 인칭으로) ▶ 소리내어 반복적으로 읽어 보세요.

J'aime la musique. ⸏⸏⸏⸏⸏⸏⸏⸏⸏⸏⸏⸏⸏⸏   Tu aimes la musique. ⸏⸏⸏⸏⸏⸏⸏⸏⸏⸏⸏⸏

Il aime la musique. ⸏⸏⸏⸏⸏⸏⸏⸏⸏⸏⸏⸏⸏⸏   Elle aime la musique. ⸏⸏⸏⸏⸏⸏⸏⸏⸏⸏⸏⸏

Nous aimons la musique. ⸏⸏⸏⸏⸏⸏⸏⸏   Vous aimez la musique. ⸏⸏⸏⸏⸏⸏⸏⸏

Ils aiment la musique. ⸏⸏⸏⸏⸏⸏⸏⸏⸏⸏   Elles aiment la musique. ⸏⸏⸏⸏⸏⸏⸏⸏

02 J'aime le cinéma.

젬 르 씨네마

나는 영화를 좋아해.

MP3 04_02_01

취미와 관련된 다양한 어휘를 알아봅시다.

● 취미 MP3 04_02_02

la musique 라 뮤직 음악	**le shopping** 르 쇼삥 쇼핑	**le sport** 르 스뽀흐 운동
le cinéma 르 씨네마 영화	**la télévision** 라 뗄레비지용 텔레비전	**la lecture** 랄 렉뛰흐 독서
les voyages 레 부아이야쥬 여행	**le théâtre** 르 떼아트흐 연극	
la promenade 라 프호므나드 산책	**la randonnée** 라 헝도네 등산	

● 좋아하는 것 말하기 (나는 ~을 좋아한다) MP3 04_02_03 ▶ 소리내어 반복적으로 읽어 보세요.

J'aime la musique 젬 라 뮤직

J'aime le shopping 젬 르 쇼삥

J'aime le sport 젬 르 스뽀흐

J'aime le cinéma 젬 르 씨네마

J'aime la télévision 젬 라 뗄레비지용

J'aime les voyages 젬 레 부아이야쥬

J'aime le théâtre 젬 르 떼아트흐

J'aime la lecture 젬 랄 렉뛰흐

● 싫어하는 것 말하기 (나는 ~을 싫어한다) MP3 04_02_04 ▶ 소리내어 반복적으로 읽어 보세요.

*aimer 동사의 부정문도 ⟨ne + 동사 + pas⟩를 사용합니다.

Je n'aime pas la musique 쥬 넴 빨라 뮤직

Je n'aime pas le shopping 쥬 넴 빨르 쇼삥

Je n'aime pas le sport 쥬 넴 빨르 스뽀흐

Je n'aime pas le cinéma 쥬 넴 빨르 씨네마

Je n'aime pas la télévision 쥬 넴 빨 라 뗄레비지용

Je n'aime pas les voyages 쥬 넴 빨레 부아이야쥬

Je n'aime pas le théâtre 쥬 넴 빨르 떼아트흐

Je n'aime pas la lecture 쥬 넴 빨랄 렉뛰흐

03 Est-ce que vous aimez la musique ?

에쓰끄　　　부　　제멜　라　　뮤직

음악 좋아하세요?

MP3 04_03_01

질문을 할 때에 3가지 방법이 있는데 그 첫 번째 방법은 문장의 앞에 est-ce que^{에쓰끄}를 넣는 것입니다.

● **Est-ce que를 이용한 의문문** 　MP3 04_03_02　▶ 소리내어 반복적으로 읽어 보세요.

Est-ce que vous aimez le cinéma ?　에쓰끄 부 제멜 르 씨네마　　영화 좋아하세요?

Est-ce que vous aimez la musique ?　에쓰끄 부 제멜 라 뮤직　　음악 좋아하세요?

Est-ce que tu aimes le shopping ?　에쓰끄 뛰 엠 르 쇼삥　　쇼핑 좋아해?

Est-ce que tu aimes la promenade ?　에쓰끄 뛰 엠 라 프호므나드　　산책 좋아해?

Est-ce qu'il aime la musique ?　에쓰낄 렘 라 뮤직　　그는 음악을 좋아하나요?

Est-ce qu'il aime les voyages ?　에쓰낄 렘 레 부아이야쥬　　그는 여행을 좋아하나요?

Est-ce qu'elle aime le théâtre ?　에쓰껠 렘 르 떼아트흐　　그녀는 연극을 좋아하나요?

Est-ce qu'elle aime la randonnée ?　에쓰껠 렘 라 헝도네　　그녀는 등산을 좋아하나요?

Est-ce qu'ils aiment le cinéma ?　에쓰낄 젬 르 씨네마　　그들은 영화를 좋아하나요?

Est-ce qu'ils aiment la musique ?　에쓰낄 젬 라 뮤직　　그들은 음악을 좋아하나요?

Est-ce qu'ils aiment les voyages ?　에쓰낄 젬 레 부아이야쥬　　그들은 여행을 좋아하나요?

Est-ce qu'elles aiment le shopping ?　에쓰껠젬 르 쇼삥　　그녀들은 쇼핑을 좋아하나요?

Est-ce qu'elles aiment la promenade ?　에쓰껠 젬 라 프호므나드　　그녀들은 산책을 좋아하나요?

Est-ce qu'elles aiment la randonnée ?　에쓰껠 젬 라 헝도네　　그녀들은 등산을 좋아하나요?

04 Aimez-vous la musique ?

음악 좋아하세요?

질문을 하는 두 번째 방법은 주어와 동사를 도치하는 것입니다. 영어의 질문법과 같은 방법입니다. 그리고 동사와 주어 사이에 하이픈(-)을 넣어 줍니다.

Vous aimez la musique. → Aimez-vous la musique ?

Aime-t-il에므띨 또는 Aime-t-elle에므뗄 같은 경우 발음상 t를 넣어 주는 규칙이 있습니다.

도치를 이용한 의문문 MP3 04_04_02 ▶ 소리내어 반복적으로 읽어 보세요.

Aimez-vous le cinéma ? 에메 불 르 씨네마　영화 좋아하세요?

Aimes-tu le théâtre ? 엠 뛸 르 떼아트흐　연극 좋아해?

Aime-t-il la musique ? 엠 띨 라 뮤직　그는 음악을 좋아하나요?

Aime-t-elle le shopping ? 엠 뗄 르 쇼삥　그녀는 쇼핑을 좋아하나요?

Aiment-ils la promenade ? 엠 띨 라 프호므나드　그들은 산책을 좋아하나요?

Aiment-elles la lecture ? 엠 뗄 랄 렉뛰흐　그녀들은 독서를 좋아하나요?

Aimez-vous la musique ? 에메 불 라 뮤직　음악 좋아하세요?

Aimes-tu la randonnée ? 엠 뛸 라 헝도네　등산 좋아해?

Aime-t-il les voyages ? 엠 띨 레 부아이야쥬　그는 여행을 좋아하나요?

Aime-t-elle le théâtre ? 엠 뗄 르 떼아트흐　그녀는 연극을 좋아하나요?

Aiment-ils les voyages ? 엠 띨 레 부아이야쥬　그들은 여행을 좋아하나요?

Aiment-elles le sport ? 엠 뗄 르 스뽀흐　그녀들은 운동을 좋아하나요?

05 Vous aimez la musique ?

부 제멜 라 뮤직

🎧 MP3 04_05_01

음악 좋아하세요?

질문을 하는 세 번째 방법은 일반 문장에 물음표를 넣는 것입니다.

이 방법은 말할 때에만 사용할 수 있으며 억양을 질문식으로 끝을 올려 줍니다.

● 물음표를 넣는 의문문 🎧 MP3 04_05_02 ▶ 소리내어 읽으며 반복적으로 써 보세요.

Il aime la promenade ? 일 렘 라 프호므나드   그는 산책을 좋아하나요?

Elle aime le sport ? 엘 렘 르 스뽀흐   그녀는 운동을 좋아하나요?

Ils aiment les voyages ? 일 젬 레 부아이야쥬   그들은 여행을 좋아하나요?

 확인학습

의문사를 만드는 세 가지 방법!

1. 문장의 앞에 est-ce que를 넣는다.
   ㄴ Est-ce que vous aimez la musique ?

2. 주어와 동사를 도치한다. 그리고 동사와 주어 사이에 하이픈 −을 넣는다.
   ㄴ Aimez-vous la musique ?

3. 일반 문장에 물음표를 넣는다. 이 방법은 말할 때에만 쓰일 수 있다.
   ㄴ Vous aimez la musique ?

06 | J'aime beaucoup le cinéma.

젬 보꿀 르 씨네마

영화를 많이 좋아해요.

부사는 동사를 보충해 주는 역할을 하는데 동사의 바로 뒤에 쓰입니다.

젬 르 씨네마
J'aime le cinéma   영화를 좋아한다

젬 보꿀 르 씨네마
→ J'aime beaucoup le cinéma   영화를 많이 좋아한다

beaucoup 보꾸 (많이) / bien 비앙 (꽤, 잘)   MP3 04_06_02   ▶ 소리내어 반복적으로 읽어 보세요.

J'aime **beaucoup**. 젬 보꾸   나는 많이 좋아한다.

J'aime **beaucoup** le sport. 젬 보꿀 르 스뽀흐   나는 운동을 많이 좋아한다.

J'aime **beaucoup** la cuisine. 젬 보꿀 라 뀌이진   나는 요리를 많이 좋아한다.

J'aime **beaucoup** la lecture. 젬 보꿀 랄 렉뛰흐   나는 독서를 많이 좋아한다.

J'aime **beaucoup** la télévision. 젬 보꿀 라 뗄레비지용   나는 텔레비전을 많이 좋아한다.

J'aime **bien**. 젬 비앙   나는 꽤 좋아한다.

J'aime **bien** le sport. 젬 비앙 르 스뽀흐   나는 운동을 꽤 좋아한다.

J'aime **bien** la cuisine. 젬 비앙 라 뀌이진   나는 요리를 꽤 좋아한다.

J'aime **bien** la lecture. 젬 비앙 라 렉뛰흐   나는 독서를 꽤 좋아한다.

J'aime **bien** la télévision. 젬 비앙 라 뗄레비지용   나는 텔레비전을 꽤 좋아한다.

*adorer 아도헤 동사는 부사 없이 '많이 좋아한다'라는 의미를 갖습니다.

J'adore. 자도흐   나는 많이 좋아한다.

J'adore le sport. 자도흘 르 스뽀흐   나는 운동을 많이 좋아한다.

J'adore la cuisine. 자도흘 라 뀌이진   나는 요리를 많이 좋아한다.

J'adore la lecture. 자도흘 랄 렉뛰흐   나는 독서를 많이 좋아한다.

J'adore la télévision. 자도흘 라 뗄레비지용   나는 텔레비전을 많이 좋아한다.

07

J'aime le cinéma **français**.

프랑스 영화를 좋아해요.

MP3 04_07_01

형용사는 명사를 보충해주는 역할을 하는데 일반적으로 명사의 바로 뒤에 쓰입니다.

J'aime le cinéma 영화를 좋아한다
→ J'aime le cinéma **français** 프랑스 영화를 좋아한다

~영화 / ~음악 /~요리   MP3 04_07_02   ▶ 소리내어 읽으며 반복적으로 써 보세요.

Le cinéma **français** 르 씨네마 프헝쎄

Le cinéma **coréen** 르 씨네마 꼬헤앙

Le cinéma **chinois** 르 씨네마 시누아

Le cinéma **italien** 르 씨네마 이딸리앙

Le cinéma **japonais** 르 씨네마 자뽀네

La musique **française** 라 뮤직 프헝쎄즈

La musique **coréenne** 라 뮤직 꼬헤엔

La musique **anglaise** 라 뮤직 껑글레즈

La musique **américaine** 라 뮤직 까메히껜

La musique **japonaise** 라 뮤직 자뽀네즈

La cuisine **française** 라 뀌이진 프헝쎄즈

La cuisine **coréenne** 라 뀌이진 꼬헤엔

La cuisine **chinoise** 라 뀌이진 시누아즈

La cuisine **italienne** 라 뀌이진 이딸리엔

La cuisine **japonaise** 라 뀌이진 자뽀네즈

08 Je préfère le chocolat.

쥬　　프레훼를　　　　르　　　　쇼꼴라

저는 초콜릿을 더 좋아합니다.

MP3 04_08_01

영어의 prefer(선호하다)에 해당되는 préférer프헤페헤 동사를 배워 봅시다.

préférer 동사 뒤에는 관사를 포함한 명사 또는 동사원형이 올 수 있습니다. -er로 끝나는 1군 동사이지만 악센트 부호의 변화를 주의하세요.

Préférer 동사 변화　MP3 04_08_02

Je préfère 쥬 프헤페흐 ~	나는 ~를 선호한다	**Nous préférons** 누 프헤페홍 ~	우리는 ~를 선호한다
Tu préfères 뛰 프헤페흐 ~	너는 ~를 선호한다	**Vous préférez** 부 프헤페헤 ~	당신은 ~를 선호한다
Il préfère 일 프헤페흐 ~	그는 ~를 선호한다	**Ils préfèrent** 일 프헤페흐 ~	그들은 ~를 선호한다
Elle préfère 엘 프헤페흐 ~	그녀는 ~를 선호한다	**Elles préfèrent** 엘 프헤페흐 ~	그녀들은 ~를 선호한다

préférer 동사로 문장 만들기　MP3 04_08_03　▶ 소리내어 반복적으로 읽어 보세요.

Je préfère le chocolat 쥬 프헤페흘 르 쇼꼴라　　저는 초콜릿을 선호합니다 (더 좋아합니다)

Tu préfères le cinéma américain ? 뛰 프헤페흘 르 씨네마 아메히꺙　　너는 미국영화를 선호하니?

Il préfère la voiture 일 프헤페흘 라 부아뛰흐　　그는 이 자동차를 선호합니다.

Elle préfère partir dimanche 엘 프헤페흐 빠흐띠흐 디멍슈　　그녀는 일요일에 떠나는 것을 선호합니다.

Nous préférons regarder la télévision 누 프헤페홍 흐갸흐델 라 뗄레비지용

우리는 텔레비전을 보는 것을 선호합니다.

Vous préférez l'été ? 부 프헤페헬 레떼　　당신은 여름을 선호합니까?

Ils préfèrent partir à la montagne 일 프헤페흐 빠흐띠흐 알 라 몽따뉴

그들은 산으로 떠나는 것을 선호합니다.

Elles préfèrent prendre le taxi 엘 프헤페흐 프헝드흘 르 딱씨　　그녀들은 택시를 타는 것을 선호합니다.

On préfère partir le matin 옹 프헤페흐 빠흐띠흘 르 마땅   우리는 아침에 떠나는 것을 선호합니다.

주어 on은 nous처럼 '우리'를 의미하지만 동사변화는 il/elle과 같습니다. '우리'라는 의미의 주어 외에도 보편적인 사실을 말할 때에도 쓰입니다.

En Corée, on parle coréen.   한국에서는 한국말을 한다.

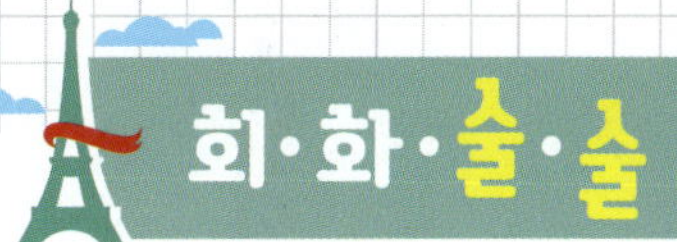

회·화·술·술

▶ 대화를 듣고 큰 소리로 따라해 보세요! 🎧 MP3 04_09

A Est-ce que tu aimes la musique coréenne ?

B Oui, j'aime la musique coréenne.

A Préfères-tu le cinéma français ?

B Non, je préfère le cinéma américain.

해석

A 한국 음악 좋아해?

B 응, 나는 한국 음악을 좋아해.

A 프랑스 영화를 선호해?

B 아니, 미국 영화를 더 좋아해.

 단어정리

aimer 좋아하다, 사랑하다 | musique 음악 | coréen(ne) 한국의 | préférer 선호하다, 더 좋아하다 | cinéma 영화 | français(e) 프랑스의 | américain(e) 미국의

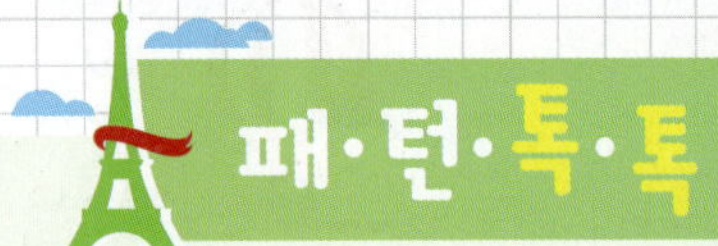

01

🎧 MP3 04_10_01

에 쓰 끄 뛰 엠 르 쇼뼁
Est-ce que tu aimes le shopping ?

쇼핑을 좋아하니?

le théâtre 르 떼아트흐 연극
la randonnée 라 헝도네 등산
la lecture 랄 렉뛰흐 독서

02

🎧 MP3 04_10_02

쥬 프헤페흐 르 쇼꼴라
Je préfère le chocolat.

저는 초콜렛을 더 좋아합니다.

Elle préfère 엘 프헤페흐 그녀는 선호한다
partir dimanche 빠흐띠흐 디멍슈 일요일에 떠나는 것을

Nous préférons 누 프헤페홍 우리는 선호한다
regarder la télévision 흐갸흐델 라 뗄레비지용 텔레비전을 보는 것을

Il préfère 일 프헤페흐 그는 선호한다
la voiture 라 부아뛰흐 자동차를

문·제·척·척

1 좋아하는 것과 싫어하는 것을 말해 보세요.

취미	나는 …을 좋아합니다	나는 …를 싫어합니다
음악	J'aime la musique.	Je n'aime pas la musique.
쇼핑		
운동		
영화		
여행		
독서		
산책		
등산		

2 다음의 질문들을 Est-ce que를 넣은 의문문으로 바꾸어 보세요.

Vous êtes coréenne ? → ....

Vous parlez français ? → ....

Vous habitez à Séoul ? → ....

Vous aimez la musique ? → ....

Tu es musicien ? → ....

Tu parles coréen ? → ....

Tu habites à Paris ? → ....

Tu aimes le sport ? → ....

Il est professeur ? → ....

Il parle anglais ? → ....

Il habite à Londres ? → ....

Il aime les voyages ? → ....

3 다음의 질문들을 도치를 한 의문문으로 바꾸어 보세요.

Elle est femme au foyer ? → ....

Elle parle chinois ? → ....

Elle habite à Pékin ? → ....

Elle aime le cinéma ? → ....

Ils sont cuisiniers ? → ....

Ils parlent français ? → ....

Ils habitent à Tokyo ? → ....

Ils aiment la randonnée ? → ....

Elles sont photographes ? → ....

Elles parlent coréen ? → ....

Elles habitent à New York ? → ....

Elles aiment le shopping ? → ....

4 다음의 문장에 beaucoup를 넣어 보세요.

J'aime → ....

J'aime le cinéma → ....

5 다음의 문장에 bien을 넣어 보세요.

J'aime la musique → ....

J'aime la randonnée → ....

6 다음의 문장을 j'adore를 넣어서 표현해 보세요.

J'aime la musique → ....

J'aime les voyages → ....

5

L'accord
성 수 일 치

무료 MP3 바로 듣기

중요 포인트

성격 La personnalité
모습 L'apparence
감정 Le sentiment

01

뛰 에 정띠
Tu es gentil.

너는 착해.

MP3 05_01_01

être 동사와 쓰일 때에는 형용사가 주어를 보충해 주는 역할을 합니다.

영어에서 be 동사로 말할 때처럼 être 동사와 형용사를 사용해서 다양한 성격에 대해 말할 수 있습니다. 단, 프랑스어에서는 형용사도 남성형과 여성형이 있습니다.

다양한 형용사 MP3 05_01_02 ▶ 소리내어 반복적으로 읽어 보세요.

	남성형	여성형
착한	gentil	gentille
똑똑한	intelligent	intelligente
나쁜	mauvais	mauvaise
너그러운	généreux	généreuse
성실한	sérieux	sérieuse
사교적인	sociable	남성형과 같음
정직한	honnête	남성형과 같음
친절한	aimable	남성형과 같음
좋은	sympa	남성형과 같음

'∼는 친절하다' (모든 인칭으로)

남성	여성
Je suis gentil	Je suis gentille
Tu es gentil	Tu es gentille
Il est gentil	Elle est gentille
Nous sommes gentils	Nous sommes gentilles
Vous êtes gentil	Vous êtes gentille
Vous êtes gentils	Vous êtes gentilles
Ils sont gentils	Elles sont gentilles

02

뛰 에 그헝
Tu es grand.

MP3 05_02_01

너는 커.

être 동사와 형용사를 사용해서 성격뿐만 아니라 모습에 대해서도 말할 수 있습니다.

다양한 형용사 2 　MP3 05_02_02　▶ 소리내어 반복적으로 읽어 보세요.

	남성형	여성형
큰	grand	grande
작은	petit	petite
예쁜	joli	jolie
아름다운, 멋진	beau	belle
날씬한	mince	남성형과 같음
젊은	jeune	남성형과 같음
나이 많은	âgé	âgée

'~는 작다' (모든 인칭으로)

남성	여성
Je suis petit	Je suis petite
Tu es petit	Tu es petite
Il est petit	Elle est petite
Nous sommes petits	Nous sommes petites
Vous êtes petit	Vous êtes petite
Vous êtes petits	Vous êtes petites
Ils sont petits	Elles sont petites

문·법·콕·콕

03

🎧 MP3 05_03_01

쥬 쒸이 꽁떵
Je suis content.

나는 기뻐.

être동사와 형용사를 사용해서 감정과 느낌에 대해서도 말할 수 있습니다.

* 단수에서 이미 s 또는 x로 끝나는 형용사의 경우 남성형 복수일 때에 s를 추가하지 않습니다.

즉, il est heureux를 복수로 놓으면 ils sont heureux인 것입니다. 또한, il est précis와 같은 경우도 복수일 때에 ils sont précis라고 합니다. (précis : 정확한, 명확한) 여성형 형용사의 경우 규칙대로 s를 추가합니다.

elle est heureuse → elles sont heureuses

elle est précise → elles sont précises

● 감정 형용사 🎧 MP3 05_03_02 ▶ 소리내어 반복적으로 읽어 보세요.

	남성형	여성형
즐거운, 기쁜	content	contente
슬픈	triste	남성형과 같음
기쁜, 행복한	heureux	heureuse
불행한	malheureux	malheureuse
사랑하고 있는	amoureux	amoureuse

● '〜는 행복하다' (모든 인칭으로)

남성	여성
Je suis heureux	Je suis heureuse
Tu es heureux	Tu es heureuse
Il est heureux	Elle est heureuse
Nous sommes heureux	Nous sommes heureuses
Vous êtes heureux	Vous êtes heureuse
Vous êtes heureux	Vous êtes heureuses
Ils sont heureux	Elles sont heureuses

회·화·술·술

▶ 대화를 듣고 큰 소리로 따라해 보세요!　　　　　　　　　🎧 MP3 05_04

A　Est-ce qu'il est grand ?

B　Oui, il est grand.

A　Est-il amoureux ?

B　Non, il n'est pas amoureux.

해석

A　그는 키가 큰가요?

B　네. 그는 키가 커요.

A　그는 사랑을 하고 있나요?

B　아니요. 그는 사랑을 하고 있지 않아요.

 단어정리

grand 키가 큰 | **amoureux** 사랑에 빠진, 사랑하고 있는

01

🎧 MP3 05_05_01

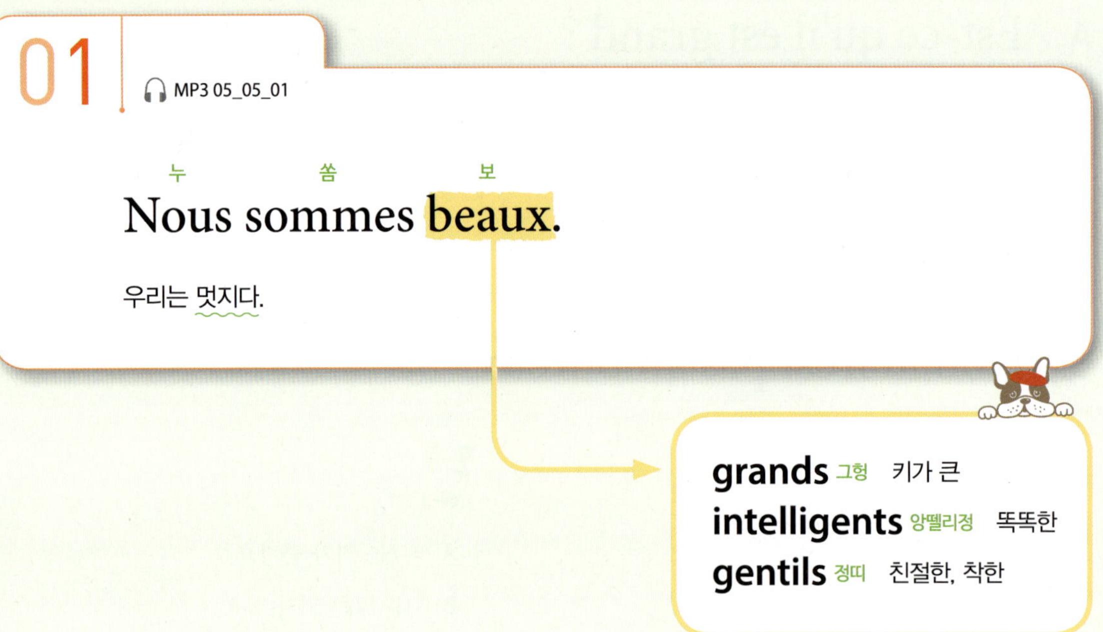

누 쏨 보
Nous sommes beaux.

우리는 멋지다.

grands 그형 키가 큰
intelligents 앙뗄리정 똑똑한
gentils 정띠 친절한, 착한

02

🎧 MP3 05_05_02

쥐 쒸이 그헝
Je suis grand.

나는 크다.

Tu es 뛰에 너는 ~하다   **content** 꽁떵 기쁜
Il est 일레 그는 ~하다   **triste** 트히스뜨 슬픈
Vous êtes 부젯 당신은 ~하다   **beaux** 보 잘생긴, 멋진

문·제·척·척

1 형용사의 일치에 주의하며, 모든 인칭으로 쓰는 연습을 해 보세요.

남성	여성
Je suis gentil	Je suis
Tu es	Tu es
Il est	Elle est
Nous sommes	Nous sommes
Vous êtes	Vous êtes
Vous êtes	Vous êtes
Ils sont	Elles sont

2 모든 인칭으로 형용사를 쓰는 연습을 해 보세요.

남성	여성
Je suis intelligent	Je suis
Tu es	Tu es
Il est	Elle est
Nous sommes	Nous sommes
Vous êtes	Vous êtes
Vous êtes	Vous êtes
Ils sont	Elles sont

3 모든 인칭으로 감정 형용사를 쓰는 연습을 해 보세요.

남성	여성
Je suis mauvais	Je suis
Tu es	Tu es
Il est	Elle est
Nous sommes	Nous sommes
Vous êtes	Vous êtes
Vous êtes	Vous êtes
Ils sont	Elles sont

Les sports d'hiver dans les Alpes

파리에서 5~6시간 정도 여유 있게 운전하면 알프스의 멋진 스키장에 갈 수 있다.
샤모니(Chamonix), 띠뉴(Tignes), 발 또랑스(Val Thorens), 알프 뒤에즈(Alpe d'Huez) 등 알프스 주변에는 크고 작은 스키장들이 많이 있다.
산맥과 산맥이 연결된 광활한 슬로프에 감탄이 절로 나오는 전경은 하늘 아래 백색 천국을 연상케 한다. 한국처럼 리프트를 오래 기다리지 않아도 될 만큼 정말 크고 넓다.

Les 3 vallées 같은 경우 세계에서 가장 넓은 스키장이며 일주일 동안 종일권으로 매일 타도 모든 코스를 전부 돌지 못할 정도로 넓다고 한다.
여기에는 난간도 철책도 거의 없다. 그냥 자기가 가고 싶은 방향대로 갈 수 있다. 단, 이에 따른 운명은 오로지 자신의 선택일 뿐이다. 나는 남들이 지나가지 않은 곳으로 갔다가 길을 잃기도 했고, 친구들과 눈 웅덩이에 빠져 구조대 신세를 지기도 했다. 한 번은 너무 다른 방향으로 멀리 갔다가 숙소 방향으로 가는 마지막 리프트를 타지 못하는 바람에 무거운 스키를 메고 깜깜해진 스키장을 몇 시간 동안 헤맨 적도 있다. 프랑스는 야간 스키가 거의 없기 때문에 하산 시간을 잘 맞추지 않으면 가족들을 애태우게 만들 수도 있다는 점을 꼭 기억하고 안전하게 스키를 즐기기를 바란다.

겨울 산에 너무나도 잘 어울리는 치즈 요리 퐁듀(Fondue)와 라클렛뜨(Raclette), 그리고 따뜻한 와인 뱅쇼(Vin chaud)는 스키장의 별미이며 한 해 마지막 날 스키장마다 열리는 불꽃놀이도 잊지 못할 추억을 만들어 줄 것이다.

6

Les présentatifs
소개사

무료 MP3 바로 듣기

중요 포인트

C'est + 관사 + 명사 표현 C'est + article + nom
색깔 Les couleurs
C'est + 형용사 C'est + adjectif
'그것' Il Elle
명사 앞에 위치하는 형용사 Les adjectifs placés avant le nom

01

쎄 떵 스띨로
C'est un stylo.

이것은 볼펜입니다.

MP3 06_01_01

영어의 a처럼 명사 앞에는 관사를 써야 하는데 프랑스어는 남성형 단수, 여성형 단수, 그리고 복수형으로 나누어집니다.

	단수	복수
남성형	un	des
여성형	une	

프랑스어에서는 사물들도 남성형과 여성형으로 나누어지기 때문에 단어를 외울 때 남성형인지 여성형인지도 외워야 합니다.

부정관사 un, une, des는 '하나의~' '여러 개의 ~'라고 번역할 수 있습니다.

정관사 le, la, les는 '그 ~'라고 번역할 수 있습니다.

C'est un stylo　이것은 (하나의) 볼펜입니다.

C'est le stylo　이것이 (그) 볼펜입니다.

Ce sont des stylos　이것은 (여러 개의) 볼펜입니다.

Ce sont les stylos　이것이 (그) 볼펜들입니다.

● 다양한 사물 명사 MP3 06_01_02　▶ 소리내어 반복적으로 읽어 보세요.

un stylo 엉 스띨로 볼펜	**une règle** 윈 헤글르 자	**un crayon** 엉 끄헤이용 연필
une gomme 윈 곰므 지우개	**un livre** 엉 리브흐 책	**un cahier** 엉 꺄이에 공책
un sac 엉 싹 가방	**une clé** 윈 끌레 열쇠	**un portefeuille** 엉 뽀흐뜨풔이유으 지갑
un téléphone portable 엉 뗄레폰 뽀흐따블르 핸드폰		

02 C'est un livre.

이것은 책입니다.

MP3 06_02_01

'이것은 ~이다'라는 표현을 하려면 Ce 즉 영어의 it을 사용합니다. 그 뒤에는 être 동사의 3인칭 단수형 est가 오는데 영어의 is와 같다고 보시면 됩니다. 그리고 Ce 뒤에 모음이 오기 때문에 모음축약을 해서 C'가 됩니다. 즉 C'est가 영어의 It is, It's에 해당되겠습니다. (복수는 Ce sont)

이것이 무엇입니까? (의문사 que와 질문 est-ce que를 사용) / 이것은 ~입니다 (C'est ~) 🎧 MP3 06_02_02 ▶ 소리내어 반복적으로 읽어 보세요.

Qu'est-ce que c'est?   이것이 무엇입니까?

C'est un stylo   이것은 볼펜입니다

C'est une gomme   이것은 지우개입니다

C'est un cahier   이것은 공책입니다

C'est une clé   이것은 열쇠입니다

※ 부정문

Ce n'est pas un sac   이것은 가방이 아닙니다

이것들은 무엇입니까? / 이것들은 ~입니다 (Ce sont ~) 🎧 MP3 06_02_03

▶ 소리내어 반복적으로 읽어 보세요.

Qu'est-ce que c'est?   이것들은 무엇입니까? (*복수로 질문할 때에도 똑같이 씁니다.)

Ce sont des règles   자들입니다

Ce sont des crayons   연필들입니다

※ 부정문

Ce ne sont pas des sacs   가방들이 아닙니다

03

C'est un stylo bleu.

이것은 파란색 볼펜입니다.

MP3 06_03_01

'이것은 파란색 볼펜이다'라는 표현을 하려면 명사 뒤에 색깔을 나타내는 형용사를 사용해야 합니다. 또한 명사의 성과 수에 맞게 형용사를 맞추어 주어야 합니다.

MP3 06_03_02

	남성형	여성형
파란색	**bleu** 블르	**bleue** 블르
빨간색	**rouge** 후쥬	**rouge** 후쥬
초록색	**vert** 베흐	**verte** 베흐뜨
노란색	**jaune** 존	**jaune** 존
검정색	**noir** 누아흐	**noire** 누아흐
흰색	**blanc** 블렁	**blanche** 블렁슈

이것은 ~색 볼펜입니다 / 이것은 ~색 볼펜이 아닙니다   MP3 06_03_03

▶ 소리내어 반복적으로 읽으며 반복적으로 써 보세요.

C'est un stylo bleu

C'est un stylo rouge

Ce n'est pas un stylo vert

Ce n'est pas un stylo noir

이것은 ~색 열쇠입니다 / 이것은 ~색 열쇠가 아닙니다   MP3 06_03_04

▶ 소리내어 반복적으로 읽으며 반복적으로 써 보세요.

C'est une clé bleue

C'est une clé rouge

Ce n'est pas une clé verte

Ce n'est pas une clé noire

04 C'est grand.

쎄 그형

이것은 크다.

MP3 06_04_01

〈C'est + 형용사〉를 사용해서 간단한 문장들을 만들 수 있습니다.

여성명사나 복수명사를 말할 때에도 C'est 뒤에 오는 형용사는 항상 남성형 단수라는 점 꼭 기억해 주세요. 또한 문장 뒤에 물음표는 붙이면 말할 때에는 간단하게 의문문을 만들 수가 있지요.

● C'est + 형용사 표현   MP3 06_04_02   ▶ 소리내어 반복적으로 읽어 보세요.

C'est **beau** ? 멋진가요?	C'est **petit** ? 작은가요?
– C'est **beau** 멋져요	– C'est **petit** 작아요
– C'est **très** beau 매우 멋집니다	– C'est **très** petit 매우 작습니다
– **Ce n'est pas** beau 멋있지 않아요	– **Ce n'est pas** petit 작지 않아요
Est-ce que c'est **bon** ? 맛있나요?	C'est **joli** ? 예쁜가요?
– C'est **bon** 맛있어요	– C'est **joli** 예뻐요
– C'est **très** bon 매우 맛있습니다	– C'est **très** joli 매우 예쁩니다
– **Ce n'est pas** bon 맛있지 않아요	– **Ce n'est pas** joli 예쁘지 않아요
Est-ce que c'est **bien** ? 좋은가요?	Est-ce que c'est **sympa** ? 좋은가요?
– C'est **bien** 좋아요	– C'est **sympa** 좋아요
– C'est **très** bien 매우 좋습니다	– C'est **très** sympa 매우 좋습니다
– **Ce n'est pas** bien 좋지 않아요	– **Ce n'est pas** sympa 좋지 않아요

05

Le stylo est bleu. Il est bleu.

이 볼펜은 파란색입니다. 그것은 파란색입니다.

MP3 06_05_01

영어의 부정관사 a는 프랑스어로 un, une, des에 해당되며 영어의 정관사 the는 프랑스어로 le, la, les라고 보시면 됩니다. 정관사는 영어의 the와 같이 '그~' 또는 '이~'로 번역을 할 수 있습니다. il, elle, ils, elles은 '그, 그녀, 그들, 그녀들'이라는 뜻뿐만 아니라 '그것', '그것들'이라는 뜻도 됩니다.

● 정관사 예문 MP3 06_05_02 ▶ 소리내어 반복적으로 읽어 보세요.

Le stylo est bleu. **Il** est bleu.　이 볼펜은 파란색입니다. 그것은 파란색입니다.

Le stylo est noir. **Il** est noir.　이 볼펜은 검정색입니다. 그것은 검정색입니다.

La maison est blanche. **Elle** est blanche.　이 집은 하얀색입니다. 그것은 하얀색입니다.

La maison est verte. **Elle** est verte.　이 집은 초록색입니다. 그것은 초록색입니다.

Les téléphones portables sont blancs. **Ils** sont blancs.

이 핸드폰들은 하얀색입니다. 이것들은 하얀색입니다.

Les téléphones portables sont petits. **Ils** sont petits.

이 핸드폰들은 작습니다. 이것들은 작습니다.

Les voitures sont blanches. **Elles** sont blanches.

이 자동차들은 하얀색입니다. 이것들은 하얀색입니다.

Les voitures sont grandes. **Elles** sont grandes.

이 자동차들은 큽니다. 이것들은 큽니다.

06

🎧 MP3 06_06_01

쎄 떵 졸리 스띨로
C'est un *joli* stylo.

이것은 예쁜 볼펜입니다.

프랑스어에서는 일반적인 형용사들은 명사의 뒤에 위치하지만 예외적으로 명사의 앞에 위치하는 형용사들도 있습니다. 이 형용사들은 많지 않기 때문에 따로 외워 주셔야 합니다.
또한 이렇게 명사의 앞에 위치하는 형용사를 사용하는 경우 복수형일 때에 des 대신 de를 쓴다는 규칙이 있습니다.

명사의 앞에 위치하는 형용사들은 다음과 같습니다 🎧 MP3 06_06_02

▶ 소리내어 반복적으로 읽어 보세요.

Le stylo est joli   볼펜이 예쁘네요
Les stylos sont jolis   볼펜들이 예쁘네요

C'est un **joli** stylo   예쁜 볼펜이네요
Ce sont de **jolis** stylos   예쁜 볼펜들이네요

Le sac est grand   가방이 큽니다
Les sacs sont grands   가방들이 크네요

C'est un **grand** sac   큰 가방입니다
Ce sont de **grands** sacs   큰 가방들이네요

La voiture est jolie   차가 예쁘네요
Les voitures sont jolies   차들이 예쁘네요

C'est une **jolie** voiture   예쁜 차네요
Ce sont de **jolies** voitures   예쁜 차들이네요

La maison est grande   집이 크네요
Les maisons sont grandes   집들이 크네요

C'est une **grande** maison   큰 집입니다
Ce sont de **grandes** maisons   큰 집들이네요

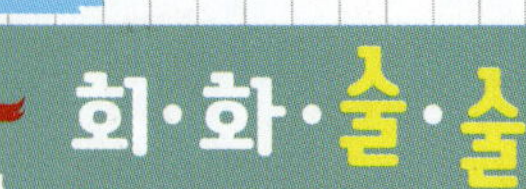

▶ 대화를 듣고 큰 소리로 따라해 보세요!　　　　　🎧 MP3 06_07

A　Qu'est-ce que c'est ?

B　Ce sont des voitures françaises.

A　Est-ce qu'elles sont jolies ?

B　Oui, elles sont très jolies.

해석

A　이것들은 무엇입니까?

B　프랑스 자동차들입니다.

A　이것들은 예쁜가요?

B　네, 아주 예쁩니다.

단어정리

Qu'est-ce que c'est ? 이것은 무엇입니까? │ C'est ~입니다 (단수) │ Ce sont ~입니다 (복수) │ voiture 자동차 │ français(e) 프랑스의 │ joli(e) 예쁜

01

🎧 MP3 06_08_01

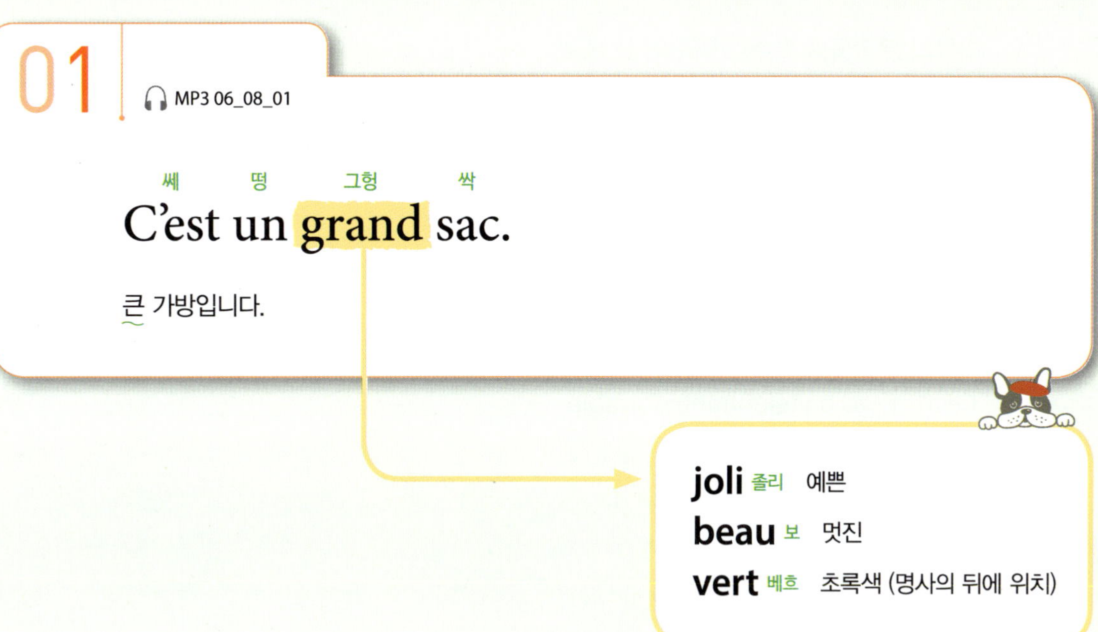

쎄 떵 그헝 싹
C'est un grand sac.

큰 가방입니다.

joli 졸리 예쁜
beau 보 멋진
vert 베흐 초록색 (명사의 뒤에 위치)

02

🎧 MP3 06_08_02

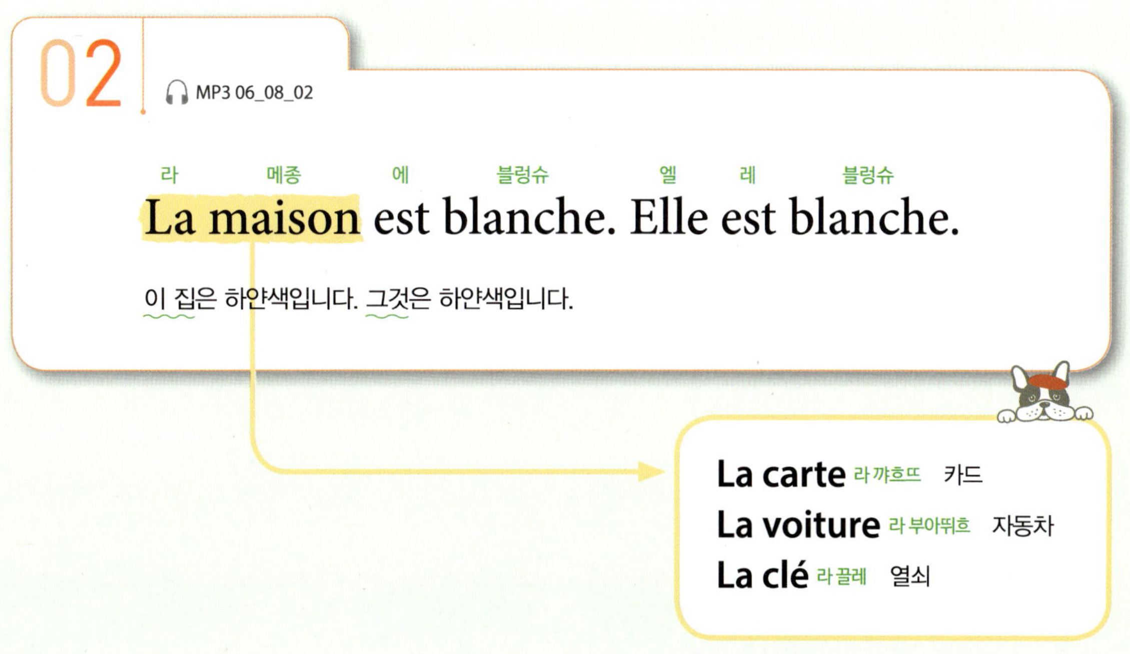

라 메종 에 블렁슈 엘 레 블렁슈
La maison est blanche. Elle est blanche.

이 집은 하얀색입니다. 그것은 하얀색입니다.

La carte 라 꺄흐뜨 카드
La voiture 라 부아뛰흐 자동차
La clé 라 끌레 열쇠

1 **다음의 문장들을 복수로 바꾸어 보세요.**

C'est une règle → ....

C'est un stylo → ....

C'est une gomme → ....

C'est un sac → ....

C'est une clé → ....

Ce n'est pas un téléphone portable → ....

Ce n'est pas un portefeuille → ....

Ce n'est pas un livre → ....

Ce n'est pas un cahier → ....

2 **프랑스어로 바꾸어 보세요.**

초록색 책	→	초록색 핸드폰	→ ....
검정색 가방	→	검정색 볼펜	→ ....
하얀색 지갑	→	하얀색 열쇠	→ ....

파란색 볼펜들	→ des stylos bleus	파란색 열쇠들	→ ....
노란색 자들	→	노란색 연필들	→ ....
하얀색 지우개들	→	하얀색 가방들	→ ....
빨간색 연필들	→	빨간색 자들	→ ....

3 다음의 질문들에 답해 보세요.

Est-ce que c'est un stylo vert ?   → Oui, ...

→ Non, ...

Est-ce que c'est un crayon rouge ?   → Oui, ...

→ Non, ...

Est-ce que c'est une clé noire ?   → Oui, ...

→ Non, ...

C'est joli ?   → Oui, ...

→ Non, ...

Est-ce que c'est beau ?   → Oui, ...

→ Non, ...

Est-ce que c'est bon ?   → Oui, ...

→ Non, ...

Est-ce que c'est blanc ?   → Oui, ...

→ Non, ...

4 두 문장을 합쳐 보세요.

Ce sont des stylos + C'est rouge   = Ce sont des stylos rouges.

Ce sont des crayons + C'est bleu   = ...

Ce sont des gommes + C'est blanc   = ...

Ce sont des livres + C'est petit   = ...

Ce sont des cahiers + C'est grand   = ...

Ce sont des clés + C'est joli   = ...

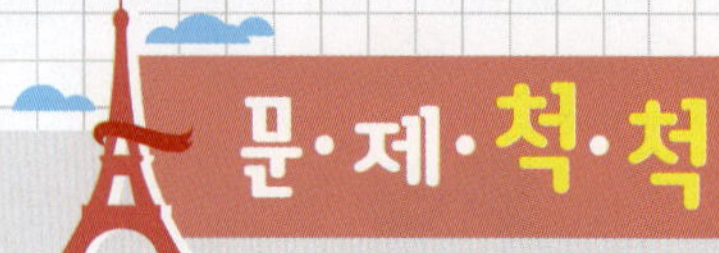

문·제·척·척

5 다음의 명사와 형용사를 이용해서 다음과 같이 문장을 만들어 보세요.

*형용사의 성과 수, 그리고 형용사의 위치에 주의하세요!

stylo	bleu	Le stylo est bleu.	Il est bleu.	C'est un stylo bleu.
	rouge			
	joli			
sac	blanc			
	jaune			
	petit			
maison	blanc			
	vert			
	grand			
clé	noir			
	rouge			
	joli			
crayons	bleu			
	rouge			
	joli			
téléphones portables	noir			
	blanc			
	petit			
voitures	blanc			
	grand			
	joli			

7

La possession
소유

무료 MP3 바로 듣기

중요 포인트

갖다 Avoir동사 Le verbe ≪avoir≫
소유 표현 L'expression de la possession
저기~ 있다 Il y a
전치사 La préposition 'dans'
집에 관한 어휘 Le vocabulaire de la maison

01

제 엉 스띨로
J'ai un stylo.

나는 볼펜을 가지고 있다.

🎧 MP3 07_01_01

이번에 배워야 할 동사는 avoir^{아부아흐} 동사입니다. 영어의 **have**라고 보시면 됩니다.

● avoir 동사 변화 🎧 MP3 07_01_02

J'ai 제	나는 ~을 가지고 있다	**Nous avons** 누 자봉	우리는 ~을 가지고 있다
Tu as 뛰아	너는 ~을 가지고 있다	**Vous avez** 부 자베	당신은 ~을 가지고 있다
Il a 일라	그는 ~을 가지고 있다	**Ils ont** 일 종	그들은 ~을 가지고 있다
Elle a 엘라	그녀는 ~을 가지고 있다	**Elles ont** 엘 종	그녀들은 ~을 가지고 있다

● 쓰기연습 ▶ 소리내어 읽으며 반복적으로 써 보세요.

J'ai ____

Tu **as** ____

Il **a** ____

Elle **a** ____

Nous **avons** ____

Vous **avez** ____

Ils **ont** ____

Elles **ont** ____

02 Elle **a** un stylo.

MP3 07_02_01

그녀는 볼펜을 가지고 있다.

avoir 동사를 이용해서 소유 표현을 연습해 봅시다.

쓰기연습 (나는 ...를 가지고 있다) 🎧 MP3 07_02_02 ▶ 소리내어 읽으며 반복적으로 써 보세요.

une maison 윈 메종 집	**un appartement** 엉 나빠흐뜨멍 아파트	**une voiture** 윈 부아뛰흐 차
une moto 윈 모또 오토바이	**un vélo** 엉 벨로 자전거	**un sac** 엉 싹 가방

J'ai **une maison**

J'ai **un appartement**

J'ai **des voitures**

J'ai **une moto**

J'ai **un vélo**

J'ai **un grand sac**

볼펜을 가지고 있습니다 (모든 인칭으로) ▶ 소리내어 읽으며 반복적으로 써 보세요.

J'ai un stylo

Tu as un stylo

Il a un stylo

Elle a un stylo

Nous avons un stylo

Vous avez un stylo

Ils ont un stylo

Elles ont un stylo

03

Il y a une maison.

여기 집이 있습니다.

MP3 07_03_01

'여기(저기) ~가 있다'라는 표현을 하려면 Il y a 표현을 배워야 합니다. 영어의 There is / There are에 해당됩니다. Il y a 뒤에는 단수명사와 복수명사가 모두 올 수 있습니다.

부정문일 때에는 〈Il n'y a pas de + 명사〉가 됩니다. 또한, 양(quantité)을 표현할 경우 관사 없이 전치사 de 뒤에 바로 명사가 들어갑니다.

> Il n'y a pas de + **관사** + 명사 / un peu de + 명사 / beaucoup de + 명사

쓰기연습 (저기 ~가 있습니다) ▶ 소리내어 읽으며 반복적으로 써 보세요. MP3 07_03_02

Qu'est-ce qu'il y a ? 그곳에 무엇이 있나요?

Il y a une maison

Il y a un appartement

Il y a une voiture

Il y a un stylo bleu

Il y a un grand sac

쓰기연습 (저기 ~가 있지 않습니다) ▶ 소리내어 읽으며 반복적으로 써 보세요. MP3 07_03_03

Il n'y a pas de maison

Il n'y a pas d'appartement

Il n'y a pas de voiture

Il n'y a pas de stylo bleu

Il n'y a pas de grand sac

04

덩　라　　메종　　일리아　엉　　쌀롱
Dans la maison, il y a un salon.

집 안에는 거실이 있습니다.

전치사 dans은 영어의 in입니다. '집 안에는 거실이 있다'라는 표현은 Dans la maison, il y a un salon이라고 할 수도 있고 위치를 바꾸어서 Il y a un salon dans la maison이라고 할 수도 있습니다.

Dans la maison, il y a un salon에서 la maison은 정관사 le를 쓰고, un salon은 부정관사 un을 쓴 이유가 무엇일까요? '(그) 집 안에는 (하나의) 거실이 있습니다.' 이 번역을 보시면 이해가 되실 것입니다. 영어의 In the house, there is a living room. 이 문장의 the와 a의 차이라고 보시면 됩니다.

● Qu'est-ce qu'il y a dans la maison ? (집 안에 무엇이 있나요?) ∩ MP3 07_04_02

*의문사 que와 질문 est-ce que를 사용　▶ 소리내어 반복적으로 읽어 보세요.

un salon 엉 쌀롱 거실	**une salle à manger** 윈 쌀라 멍제 식당
une chambre 윈 성브흐 방	**des toilettes** 데 또알렛뜨 화장실
une cuisine 윈 뀌이진 부엌	**une salle de bains** 윈 쌀드방 욕실
un balcon 엉 발꽁 발코니	**un jardin** 엉 쟈흐당 정원

● Dans la maison, il y a ~ / Il y a ~ dans la maison (집 안에는 ~가 있습니다)

▶ 소리내어 반복적으로 읽어 보세요. ∩ MP3 07_04_03

Dans la maison, il y a un salon

Il y a une cuisine dans la maison

Dans la maison, il y a une chambre

Il y a un balcon dans la maison

Qu'est-ce qu'il y a dans la chambre ? (방 안에는 무엇이 있나요?)

▶ 소리내어 반복적으로 읽어 보세요.　　　　　　　　　　🎧 MP3 07_04_04

un lit 엉 리 침대	**une armoire** 윈 아흐모아흐 옷장	**une étagère** 윈 에따제흐 선반
un bureau 엉 뷔호 책상	**une bibliothèque** 윈 비블리오떼끄 책장	**une chaise** 윈 셰즈 의자
une table 엉 따블르 탁자	**une lampe** 윈 렁쁘 램프	**une porte** 윈 뽀흐뜨 문
une fenêtre 윈 프네트흐 창문		

Dans la chambrbre, il y a ～ /
Il y a ～ dans la chambre (방 안에는 ～가 있습니다)

▶ 소리내어 반복적으로 읽어 보세요.

🎧 MP3 07_04_05

Dans la chambre, il y a un lit　　　　　　　Dans la chambre, il y a une armoire

Il y a une chaise dans la chambre　　　　　Il y a une table dans la chambre

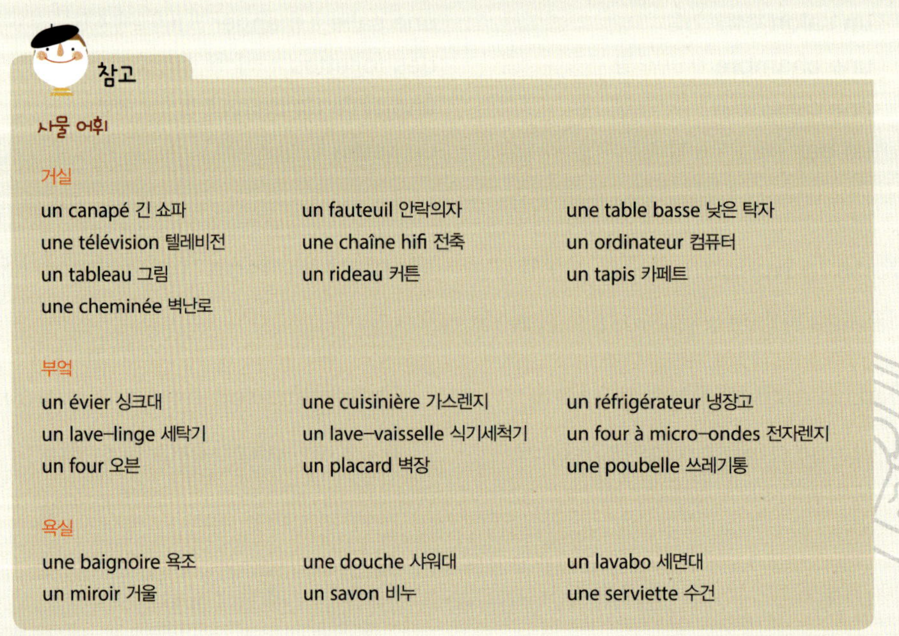

참고

사물 어휘

거실

un canapé 긴 쇼파	un fauteuil 안락의자	une table basse 낮은 탁자
une télévision 텔레비전	une chaîne hifi 전축	un ordinateur 컴퓨터
un tableau 그림	un rideau 커튼	un tapis 카페트
une cheminée 벽난로		

부엌

un évier 싱크대	une cuisinière 가스렌지	un réfrigérateur 냉장고
un lave-linge 세탁기	un lave-vaisselle 식기세척기	un four à micro-ondes 전자렌지
un four 오븐	un placard 벽장	une poubelle 쓰레기통

욕실

une baignoire 욕조	une douche 샤워대	un lavabo 세면대
un miroir 거울	un savon 비누	une serviette 수건

▶ 대화를 듣고 큰 소리로 따라해 보세요!　　　　🎧 MP3 07_05

A　Qu'est-ce qu'il y a ?

B　Il y a une maison.

A　Qu'est-ce qu'il y a dans la maison ?

B　Dans la maison, il y a un salon et deux chambres.

해석

A　그곳에 무엇이 있나요?

B　저기 집이 있습니다.

A　집 안에 무엇이 있나요?

B　집 안에 거실과 방 두 개가 있습니다.

단어정리

Qu'est-ce qu'il y a ? 그곳에 무엇이 있나요? | Il y a ~ ~이 있습니다 | dans ~안에 | maison 집 | salon 거실 |
deux 두 개 | chambre 방

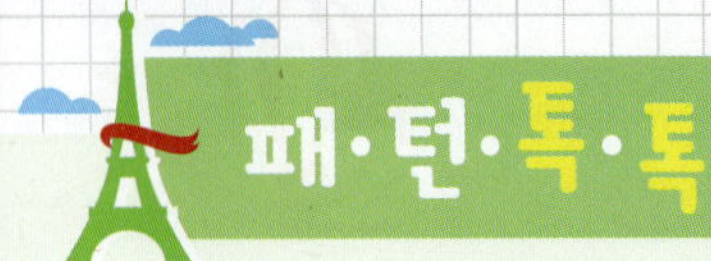

01

🎧 MP3 07_06_01

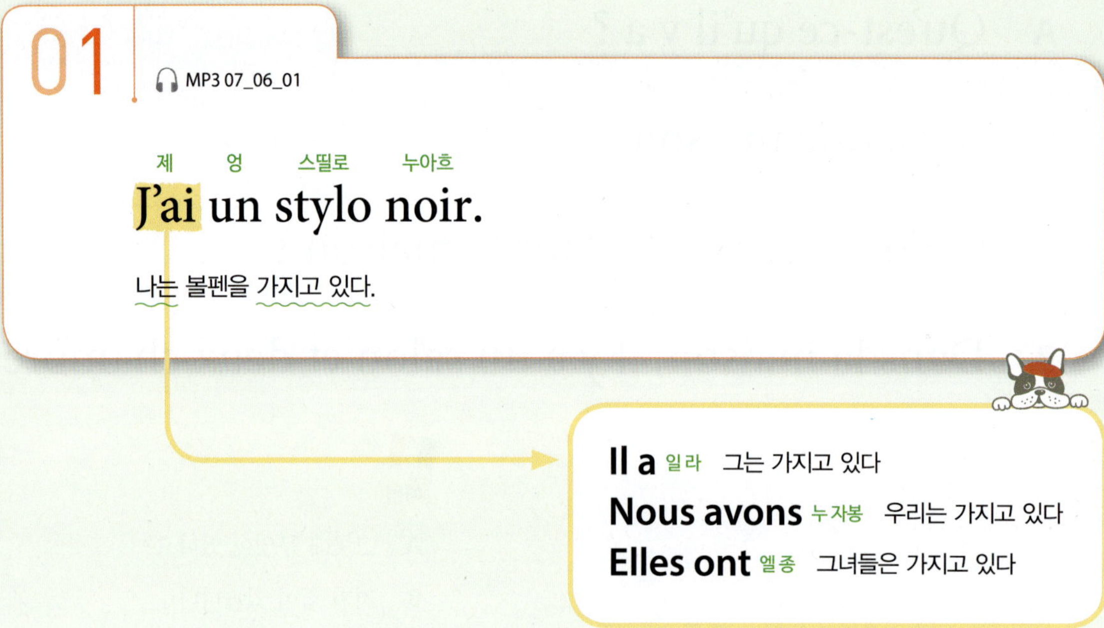

제 엉 스띨로 누아흐
J'ai un stylo noir.

<u>나는</u> 볼펜을 <u>가지고 있다.</u>

Il a 일라 그는 가지고 있다
Nous avons 누자봉 우리는 가지고 있다
Elles ont 엘종 그녀들은 가지고 있다

02

🎧 MP3 07_06_02

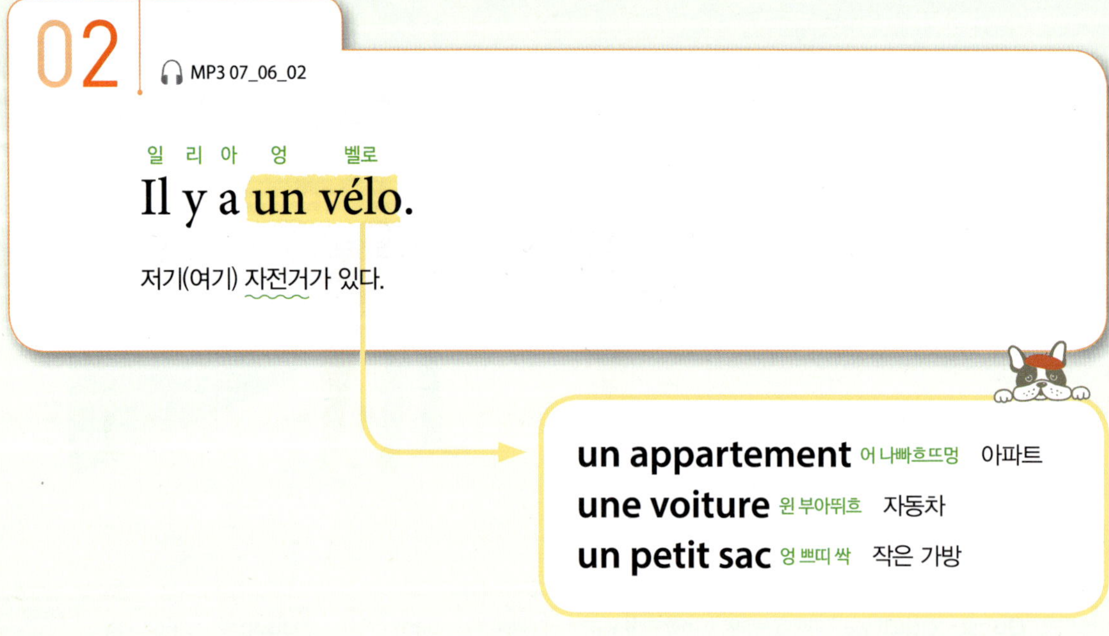

일 리 아 엉 벨로
Il y a **un vélo**.

저기(여기) 자전거가 <u>있다.</u>

un appartement 어 나빠흐뜨멍 아파트
une voiture 윈 부아뛰흐 자동차
un petit sac 엉 쁘띠 싹 작은 가방

1 모든 인칭으로 '파란색 자동차가 있다'와 '큰 집이 있다'라고 말해 보세요.

voiture bleue
J'ai une voiture bleue.
Tu
Il
Nous
Vous
Ils
Elles

grande maison
J'
Tu
Il
Nous
Vous
Ils
Elles

2 다음의 문장들을 부정문으로 만들어 보세요.

J'ai un vélo. →

Elles ont un appartement. →

Nous avons des voitures. →

Tu as une moto. →

Marc et Lora ont une maison. →

Sophie a des stylos bleus. →

Il a de grands sacs. →

3 '저기 ~가 있다'라고 말해 보세요.

예) 하얀 집

Qu'est-ce qu'il y a ?

Il y a une maison.

La maison est blanche. / Elle est blanche.

Il y a une maison blanche.

C'est une maison blanche.

빨간색 자동차

Qu'est-ce qu'il y a ?

예쁜 아파트

Qu'est-ce qu'il y a ?

작은 가방

Qu'est-ce qu'il y a ?

4 예문과 같이 대답하는 연습을 해 보세요.

예) Est-ce qu'il y a un four dans la cuisine ?

→ Non, il n'y a pas de four dans la cuisine.

→ Le four n'est pas dans la cuisine. / Il n'est pas dans la cuisine.

Est-ce qu'il y a un balcon dans la maison ?

Non,

/

Est-ce qu'il y a une fenêtre dans la chambre ?

Oui,

/

8

La ville
도시

무료 MP3 바로 듣기

중요 포인트

도시에 ～이 있다 Dans la ville, il y a~
위치 L'endroit
지시형용사 L'adjectif démonstratif
소유형용사 L'adjectif possessif

01

MP3 08_01_01

덩 라 빌 일 리 아 데 헤스또헝
Dans la ville, il y a des restaurants.

도시에는 식당들이 있다.

도시에 무엇이 있는지 도시에 관한 어휘들을 배워 봅시다.

도시에 관한 어휘 + 정관사 (le, la, l') MP3 08_01_02 ▶ 소리내어 반복적으로 읽어 보세요.

Le restaurant 레스토랑	**Le café** 카페	**Le bar** 술집
La rue 길	**Le parc** 공원	**L'hôtel** 호텔
Le grand magasin 백화점	**La mairie** 시청	**Le supermarché** 슈퍼마켓
Le musée 박물관	**L'école** 학교	**La pharmacie** 약국
L'hôpital 병원	**Le collège** 중학교	**Le lycée** 고등학교
L'université 대학교	**La maison** 집	**L'appartement** 아파트
L'église 교회	**La gare** 역	**L'arrêt de bus** 버스정거장
La station de métro 지하철역	**Le cinéma** 영화관	**Le théâtre** 극장
Le magasin 가게	**La librairie** 서점	**La boulangerie** 빵집
La boutique de vêtements 옷가게	**Le commissariat de police** 경찰서	

쓰기연습 ▶ 소리내어 읽으며 반복적으로 써 보세요.

도시에는 ~가 있다 **Dans la ville, il y a ~.**

Dans la ville, il y a ....

Dans la ville, il y a ....

Dans la ville, il y a ....

02

르 헤스또헝 엘 로앙 들 라 갸흐
Le restaurant est loin de la gare.

그 레스토랑은 역에서 멀리 있어요.

MP3 08_02_01

위치를 표현하는 방법을 살펴봅시다.

loin de ~에 멀리   **près de** ~ 가까이

à côté de ~ 옆에   **devant** ~ 앞에   **derrière** ~ 뒤에

여기서 알아야 할 것은 de를 사용한 축약관사입니다.

de + le = du / de + la = de la / de + les = des

위치를 나타내는 표현   MP3 08_02_02   ▶ 소리내어 반복적으로 읽어 보세요.

loin de ~ (〜에서 멀리)

Le restaurant est loin de la gare   레스토랑은 역에서 멀리 있어요

près de ~ (〜 가까이)

Les musées sont près de la pharmacie   박물관은 약국에서 가까이 있어요

à côté de ~ (〜 옆에)

Le cinéma est à côté de la rue   영화관은 길 옆에 있어요

devant ~ (〜 앞에)

Le café est devant l'université   카페는 대학교 앞에 있어요

derrière ~ (〜 뒤에)

Le supermarché est derrière le bar   슈퍼마켓은 술집 뒤에 있어요

03

르 헤스또헝 엘 로앙 들 라 갸흐
Le restaurant est loin de la gare ?

그 레스토랑은 역에서 멀리 있나요?

MP3 08_03_01

위치를 묻고 대답해 봅시다.

질문 Questions / 대답 Réponses　MP3 08_03_02　▶ 소리내어 반복적으로 읽어 보세요.

Le restaurant est loin de la gare ?　그 레스토랑은 기차역에서 멀리 있나요?

– Oui, le restaurant est loin de la gare.　네, 그 레스토랑은 기차역에서 멀리 있어요.

– Oui, il est loin de la gare.　네, 그것은 기차역에서 멀리 있어요.

– Non, le restaurant n'est pas loin de la gare.　아니요, 그 레스토랑은 기차역에서 멀리 있지 않아요.

– Non, il n'est pas loin de la gare.　아니요, 그것은 기차역에서 멀리 있지 않아요.

Est-ce que le café est loin de l'université ?　그 카페가 대학교에서 멀리 있나요?

– Oui, le café est loin de l'université.　네, 그 카페는 대학교에서 멀리 있어요.

– Oui, il est loin de l'université.　네, 그것은 대학교에서 멀리 있어요.

– Non, le café n'est pas loin de l'université.　아니요, 그 카페는 대학교에서 멀리 있지 않아요.

– Non, il n'est pas loin de l'université.　아니요, 그것은 대학교에서 멀리 있지 않아요.

Est-ce que le restaurant est près de la mairie ?　그 레스토랑은 시청에서 가까이 있나요?

– Oui, le restaurant est près de la mairie.　그 레스토랑은 시청에서 가까이 있어요.

– Oui, il est près de la mairie.　네, 그것은 시청에서 가까이 있어요.

– Non, le restaurant n'est pas près de la mairie.　아니요, 그 레스토랑은 시청에서 가까이 있지 않아요.

– Non, il n'est pas près de la mairie.　아니요, 그것은 시청에서 가까이 있지 않아요.

Est-ce que le musée est près du théâtre ?　그 박물관이 극장 가까이 있나요?

– Oui, le musée est près du théâtre.　네, 그 박물관은 극장 가까이 있어요.

– Oui, il est **près du** théâtre. 네, 그것은 극장 가까이 있어요.

– Non, le musée n'est pas **près du** théâtre. 아니요, 그 박물관은 극장 가까이 있지 않아요.

– Non, il n'est pas **près du** théâtre. 아니요, 그것은 극장 가까이 있지 않아요.

Les restaurants sont **à côté des** magasins ? 식당들은 가게들 옆에 있나요?

– Oui, les restaurants sont **à côté des** magasins. 네, 식당들은 가게들 옆에 있어요.

– Oui, ils sont **à côté des** magasins. 네, 그것들은 가게들 옆에 있어요.

– Non, les restaurants ne sont pas **à côté des** magasins.

아니요, 식당들은 가게들 옆에 있지 않아요.

– Non, ils ne sont pas **à côté des** magasins. 아니요, 그것들은 가게들 옆에 있지 않아요.

Les maisons sont **devant** les boutiques de vêtements ? 집들은 옷가게들 앞에 있나요?

– Oui, les maisons **sont devant** les boutiques de vêtements. 네, 집들은 옷가게들 앞에 있어요.

– Oui, elles sont **devant** les boutiques de vêtements. 네, 그것들은 옷가게들 앞에 있어요.

– Non, les maisons ne sont pas **devant** les boutiques de vêtements.

아니요, 집들은 옷가게들 앞에 있지 않아요.

– Non, elles ne sont pas **devant** les boutiques de vêtements.

아니요, 그것들은 옷가게들 앞에 있지 않아요.

Les pharmacies sont **derrière** l'église ? 약국들은 교회 뒤에 있나요?

– Oui, les pharmacies sont **derrière** l'église. 네, 약국들은 교회 뒤에 있어요.

– Oui, elles sont **derrière** l'église. 네, 그것들은 교회 뒤에 있어요.

– Non, les pharmacies ne sont pas **derrière** l'église. 아니요, 약국들은 교회 뒤에 있지 않아요.

– Non, elles ne sont pas **derrière** l'église. 아니요, 그것들은 교회 뒤에 있지 않아요.

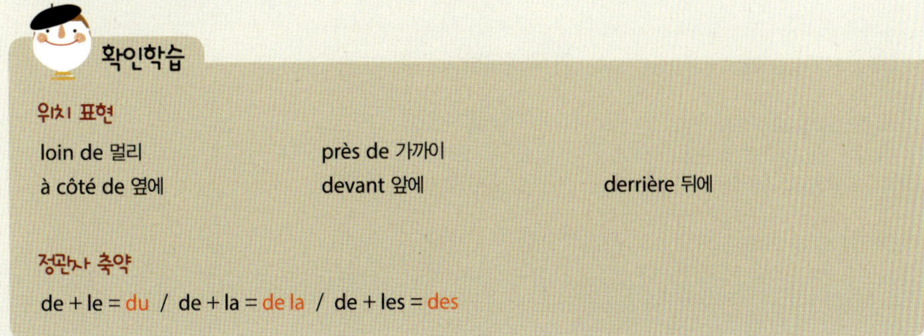

확인학습

위치 표현

loin de 멀리	près de 가까이	
à côté de 옆에	devant 앞에	derrière 뒤에

정관사 축약

de + le = **du** / de + la = **de la** / de + les = **des**

04

MP3 08_04_01

Ce stylo est bleu.

이 볼펜은 파란색이다.

영어의 This에 해당되는 지시형용사를 배워 봅시다.

	단수	복수
남성형	ce	ces
여성형	cette	

단, 남성형단수일 때에 바로 뒤에 모음이나 h가 오는 경우 ce가 아닌 cet를 사용합니다.

지시형용사 예문 MP3 08_04_02 ▶ 소리내어 반복적으로 읽어 보세요.

Ce stylo est bleu   이 볼펜은 파란색이에요

Ce canapé est joli   이 소파가 예쁘네요

Cet appartement est grand   이 아파트는 크네요

Cette école est grande   이 학교가 크네요

Cette maison est petite   이 집은 작으네요

Cette voiture est blanche   이 차는 하얀색입니다

Ces magasins sont grands   이 가게들은 큽니다

Ces femmes sont belles   이 여자들은 아름답습니다

J'aime beaucoup **ce** restaurant   이 레스토랑이 많이 마음에 듭니다

J'adore **cet** appartement   이 아파트가 너무 좋아요

Je n'aime pas **cette** boulangerie   이 빵집을 좋아하지 않아요

J'aime bien **ces** chaises   이 의자들이 마음에 드네요

05 Mon stylo est bleu.

몽　스띨로　에　블르

MP3 08_05_01

내 볼펜은 파란색이다.

프랑스어의 소유형용사는 남성형 단수, 여성형 단수, 복수형으로 나누어집니다.

	남성 단수	여성 단수	복수
나의 (my)	mon	ma	mes
너의 (your)	ton	ta	tes
그의, 그녀의 (his, her)	son	sa	ses
우리의 (our)	notre	notre	nos
당신의, 너희(당신)들의, (your)	votre	votre	vos
그들의, 그녀들의 (their)	leur	leur	leurs

소유형용사 예문　MP3 08_05_02　▶ 소리내어 반복적으로 읽어 보세요.

mon, ma, mes (나의 / my)

Mon stylo est bleu　나의 볼펜은 파란색이다

Mon appartement est grand　나의 아파트는 크다

Je n'aime pas **ma** table　나는 나의 테이블을 좋아하지 않는다

J'aime bien **mes** chaises　나는 나의 의자들을 꽤 좋아한다

ton, ta, tes (너의 / your)

Ta maison est petite　너의 집은 작다

Tes magasins sont grands　너의 가게들은 크다

J'aime beaucoup **ton** restaurant　나는 너의 레스토랑을 매우 좋아한다

J'adore **ton** appartement　나는 너의 아파트를 매우 좋아한다

son, sa, ses (그의 그녀의 / his her)

Son canapé est joli   그의(그녀의) 쇼파는 예쁘다

Son école est grande   그의(그녀의) 학교는 크다

Je n'aime pas **sa** table   나는 그의(그녀의) 테이블을 좋아하지 않는다

J'aime bien **ses** chaises   나는 그의(그녀의) 의자들을 꽤 좋아한다

notre, notre, nos (우리의 / our)

Notre canapé est joli   우리의 쇼파는 예쁘다

Notre appartement est grand   우리의 아파트는 크다

Je n'aime pas **notre** table   나는 우리의 테이블을 좋아하지 않는다

J'aime bien **nos** chaises   나는 우리의 의자들을 꽤 좋아한다

votre, votre, vos (당신의, 너희들의, 당신들의 / your)

Votre voiture est blanche   당신의 자동차는 하얀색이다

Vos magasins sont grands   당신의 가게들은 크다

J'aime beaucoup **votre** restaurant   나는 당신의 레스토랑을 매우 좋아한다

J'adore **votre** appartement   나는 당신의 아파트를 매우 좋아한다

leur, leur, leurs (그들의, 그녀들의 / their)

Leur canapé est joli   그들의 소파는 예쁘다

Leur école est grande   그들의 학교는 크다

J'aime beaucoup **leur** restaurant   나는 그들의 레스토랑을 매우 좋아한다

J'adore **leur** appartement   나는 그들의 아파트를 매우 좋아한다

J'aime bien **leurs** chaises   나는 그들의 의자들을 꽤 좋아한다

 **확인학습**

소유형용사 (~의)

1) mon, ma, mes (나의)
2) ton, ta, tes (너의)
3) son, sa, ses (그의, 그녀의)
4) notre, notre, nos (우리의)
5) votre, votre, vos (당신의, 너희들의, 당신들의)
6) leur, leur, leurs (그들의, 그녀들의)

▶ 대화를 듣고 큰 소리로 따라해 보세요!　　　　　　　　　🎧 MP3 08_06

A Dans la ville, il y a un parc.

B Le parc est devant l'hôtel ?

A Non, le parc est derrière l'hôtel.

B J'aime beaucoup cet hôtel.

해석

A 도시에는 공원이 있습니다.

B 그 공원은 호텔 앞에 있어요?

A 아니요, 공원은 호텔 뒤에 있어요.

B 그 호텔이 아주 마음에 듭니다.

 단어정리

dans ~안에 | parc 공원 | devant ~ 앞에 | derrière ~ 뒤에 | hôtel 호텔

01

🎧 MP3 08_07_01

레글리즈 에 로앙 데 마가쟝
L'église est loin des magasins.

교회는 가게들에서 멀리 있어요.

de la gare 로앙 들라 갸흐　역에서
de l'université 로앙 들 뤼니베흐씨떼　대학교에서
du bar 로앙 뒤 바흐　술집에서
des écoles 로앙 데 제꼴　학교들에서

02

🎧 MP3 08_07_02

자도흐 셋 따빠흐뜨멍
J'adore cet appartement.

이 아파트가 너무 좋아요.

ton restaurant 똥 헤스또헝　너의 식당
sa table 싸 따블르　그의(그녀의) 테이블
notre canapé 노트흐 꺄나뻬　우리의 소파
vos sacs 보 싹　당신의(너희들의, 당신들의) 가방들

1 알맞은 지시형용사를 넣어 보세요.

① (　　) magasin est très grand　　　　② J'adore (　　) cinéma

③ (　　) église est très jolie.　　　　④ (　　) tables sont petites

⑤ (　　) musées sont magnifiques　　　⑥ (　　) café est bon

⑦ J'aime beaucoup (　　) parc　　　　⑧ (　　) hôtel est à côté du bar

⑨ (　　) appartements sont près du théâtre.　⑩ (　　) librairie est près des maisons

2 알맞은 소유형용사를 넣어 보세요.

Mon / Ma / Mes

① (　　) magasin est très grand　　　　② J'adore (　　) cinéma

③ (　　) église est très jolie　　　　④ (　　) tables sont petites

⑤ (　　) musées sont magnifiques　　　⑥ (　　) café est bon

⑦ J'aime beaucoup (　　) parc　　　　⑧ (　　) hôtel est à côté du bar

⑨ (　　) appartements sont près du théâtre　⑩ (　　) librairie est près des maisons

Ton / Ta / Tes

① (　　) magasin est très grand　　　　② J'adore (　　) cinéma

③ (　　) église est très jolie　　　　④ (　　) tables sont petites

⑤ (　　) musées sont magnifiques　　　⑥ (　　) café est bon

⑦ J'aime beaucoup (　　) parc　　　　⑧ (　　) hôtel est à côté du bar

⑨ (　　) appartements sont près du théâtre　⑩ (　　) librairie est près des maisons

⑪ La voiture est devant (　　) restaurant　⑩ Le musée est à côté de (　　) école

Son / Sa / Ses

① (　　) magasin est très grand　　　　② J'adore (　　) cinéma

③ (　　) église est très jolie

④ (　　) tables sont petites

⑤ (　　) musées sont magnifiques

⑥ (　　) café est bon

⑦ J'aime beaucoup (　　) parc

⑧ (　　) hôtel est à côté du bar

⑨ (　　) appartements sont près du théâtre

⑩ (　　) librairie est près des maisons

Notre / Notre / Nos

① (　　) magasin est très grand

② J'adore (　　) cinéma

③ (　　) église est très jolie

④ (　　) tables sont petites

⑤ (　　) musées sont magnifiques

⑥ (　　) café est bon

⑦ J'aime beaucoup (　　) parc

⑧ (　　) hôtel est à côté du bar

⑨ (　　) appartements sont près du théâtre

⑩ (　　) librairie est près des maisons

Votre / Votre / Vos

① (　　) magasin est très grand

② J'adore (　　) cinéma

③ (　　) église est très jolie

④ (　　) tables sont petites

⑤ (　　) musées sont magnifiques

⑥ (　　) café est bon

⑦ J'aime beaucoup (　　) parc

⑧ (　　) hôtel est à côté du bar

⑨ (　　) appartements sont près du théâtre

⑩ (　　) librairie est près des maisons

Leur / Leur / Leurs

① (　　) magasin est très grand

② J'adore (　　) cinéma

③ (　　) église est très jolie

④ (　　) tables sont petites

⑤ (　　) musées sont magnifiques

⑥ (　　) café est bon

⑦ J'aime beaucoup (　　) parc

⑧ (　　) hôtel est à côté du bar

⑨ (　　) appartements sont près du théâtre

⑩ (　　) librairie est près des maisons

Leçon

9

Commander
주문하기

무료 MP3 바로 듣기

01

쥬 브 엉 까페
Je **veux** un café.

커피 한 잔을 원해요.

MP3 09_01_01

영어의 want에 해당되는 vouloir 동사를 배워 봅시다. '~를 원해요'라는 말을 할 때 영어의 some과 같은 표현을 사용하려면 de를 넣은 부분관사(축약관사와 같은 형태)를 사용합니다.

> Tu **veux** de l'eau ? (some water) 물을 원하니?
>
> Vous **voulez** du jus d'orange ? (some orange juice) 오렌지 주스를 원하시나요?

Je veux un café는 커피 한 잔을 말하지만 Je veux du café는 커피를 통틀어서 말하는 것입니다.

● vouloir 동사 변화 MP3 09_01_02 ▶ 소리내어 반복적으로 읽어 보세요.

Je veux ~	나는 ~을 원한다	**Nous** voulons ~	우리는 ~을 원한다
Tu veux ~	너는 ~을 원한다	**Vous** voulez ~	당신은 ~을 원한다
Il veut ~	그는 ~을 원한다	**Ils** veulent ~	그들은 ~을 원한다
Elle veut ~	그녀는 ~을 원한다	**Elles** veulent ~	그녀들은 ~을 원한다

● 원하는 것을 말하기 MP3 09_01_03 ▶ 소리내어 반복적으로 읽어 보세요.

un café 커피	**un café au lait** 밀크커피	**un chocolat chaud** 핫초코
un thé 차	**une eau** 물	**un vin** 와인
un coca 콜라	**une bière** 맥주	**un jus d'orange** 오렌지 주스

Je veux **un café** 커피를 원해요	Je veux **un café au lait** 밀크커피를 원해요
Je veux **un chocolat chaud** 핫초코를 원해요	Je veux **du thé** 차를 원해요
Je veux **de l'eau** 물을 원해요	Je veux **du jus d'orange** 오렌지 주스를 원해요

02   Je voudrais de l'eau.

쥬 부드헤 들 로

MP3 09_02_01

물을 주세요.

주문할 때는 조건법을 사용하는데 우선 주문할 때 필요한 이 표현을 외워 두세요.

● 주문하기   MP3 09_02_02   ▶ 소리내어 반복적으로 읽어 보세요.

Je voudrais un café   커피를 주세요

Je voudrais un chocolat chaud   핫초코를 주세요

Je voudrais du thé   차를 주세요

Je voudrais de l'eau   물을 주세요

● S'il vous plaît (please)   MP3 09_02_03   ▶ 소리내어 반복적으로 읽어 보세요.

* S'il vous plaît는 영어의 please라고 보시면 됩니다.

Un coca. **s'il vous plaît**   콜라 부탁 드립니다

Une bière. **s'il vous plaît**   맥주 부탁 드립니다

Du vin. **s'il vous plaît**   와인 부탁 드립니다

● 맛 표현하기   MP3 09_02_04   ▶ 소리내어 반복적으로 읽어 보세요.

C'est **bon**   맛있어요

C'est **très bon**   아주 맛있어요

Ce café est très **bon**   이 커피는 아주 맛있네요

Il est bon ce café   이 커피 맛있네요

J'adore ce thé   이 차가 아주 좋아요

Ce **n'est pas bon**   맛이 없어요

C'est **délicieux**   아주 맛있어요

Cette bière est très **bonne**   이 맥주는 아주 맛있네요

Elle est bonne cette bière   이 맥주 맛있네요

J'aime beaucoup cette bière

이 맥주가 아주 마음에 듭니다

03

🎧 MP3 09_03_01

쥬　　프헝　　엉　　까페
Je prends un café.

커피 한 잔을 마셔요.

prendre 동사를 배워 봅시다. prendre는 '잡다', '먹다', '마시다', '타다' 등 영어의 take 동사와 같다고 생각하시면 됩니다.

prendre 동사 변화 🎧 MP3 09_03_02   ▶ 소리내어 반복적으로 읽어 보세요.

Je prends ~	나는 ~를 잡습니다	Nous prenons ~	우리는 ~를 잡습니다
Tu prends ~	너는 ~를 잡습니다	Vous prenez ~	당신은 ~를 잡습니다
Il / Elle prend ~	그, 그녀는 ~를 잡습니다	Ils / Elles prennent ~	그들, 그녀들은 ~를 잡습니다

나는 ～를 마신다 🎧 MP3 09_03_03   ▶ 소리내어 반복적으로 읽어 보세요.

Je prends **un café**　　　　　　Je prends **un café au lait**

Je prends **un chocolat chaud**　　Je prends **un thé**

Je prends **de l'eau**　　　　　　Je prends **un jus d'orange**

Je prends **un jus de fruits**　　　Je prends **un jus d'ananas**

Je prends **un jus de pomme**　　　Je prends **un jus de raisin**

04 Prenez-vous du thé ?

차를 마십니까?

마시는 음료들은 셀 수 없는 명사이므로 부분관사(축약관사와 같은 형태)가 쓰이는 것을 볼 수 있습니다. 영어의 some을 사용하는 상황이라고 보시면 됩니다.

당신은 ~를 마십니까? 　MP3 09_04_02 　▶ 소리내어 반복적으로 읽어 보세요.

Vous prenez **du café** ?	Vous prenez **du café au lait** ?
Vous prenez **du chocolat chaud** ?	Prenez-vous **du thé** ?
Prenez-vous **de l'eau** ?	Prenez-vous **du jus d'orange** ?
Est-ce que vous prenez **du jus de fruits** ?	Vous prenez **du jus de raisin** ?

대답하기 (나는 ~를 마시지 않습니다) 　MP3 09_04_03 　▶ 소리내어 반복적으로 읽어 보세요.

*축약관사를 쓰는 상황에서, 부정문일 때에는, 관사 없이 de가 쓰이는 것을 볼 수 있습니다.

Je ne prends pas **de café**	Je ne prends pas **de café au lait**
Je ne prends pas **de chocolat chaud**	Je ne prends pas **de thé**
Elle prend **un café**	Il ne prend pas **de café**
Marion prend **un coca**	Nicolas ne prend pas **de coca**
Tu prends **du thé** ?	Tu ne prends pas **de thé** ?
Nous prenons **de l'eau**	Sarah et Inès prennent **du chocolat chaud**
Ils ne prennent pas **de vin**	Ells ne prennent pas **de chocolat chaud**

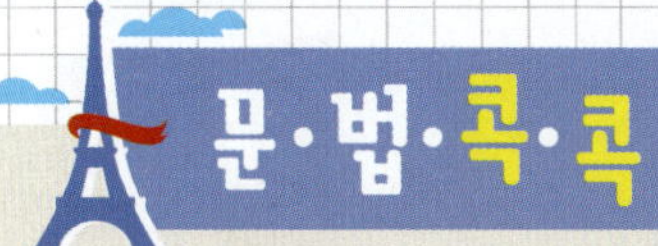

05

La salade et la fondue.

샐러드와 퐁듀

MP3 09_05_01

요리를 주문하려면 다양한 전채요리와 메인요리를 알아야 하겠지요?

● 다양한 요리 어휘   MP3 09_05_02   ▶ 소리내어 반복적으로 읽어 보세요.

---

l'entrée 전채요리

L'entrée 전식	**La salade** 샐러드	**Les crudités** 야채
La tarte 파이	**La soupe** 수프	**Le foie gras** 푸아그라
Les huîtres 굴	**Le saumon fumé** 훈제연어	

---

le plat 메인요리

Le plat 본식	**Le bœuf** 쇠고기	**Le veau** 송아지고기
Le porc 돼지고기	**Le poulet** 닭고기	**Le coq** 수탉고기
Le gratin 그라탕	**La truite** 송어	**La ratatouille** 라따뚜이
Les fruits de mer 해산물	**Les spaghettis** 스파게티	**La fondue** 퐁뒤
La pizza 피자	**Le steak** 스테이크	**Les frites** 감자튀김
Le plat du jour 오늘의 요리		

---

la boisson 음료

La boisson 음료	**L'apéritif** 아페리티프
La bouteille d'eau 물병	**La bouteille de vin** 와인병

06

원　　바겔　　씰　부　　쁠레
Une baguette, s'il vous plaît.

바게트 하나 주세요.

MP3 09_06_01

주문을 할 때에는 ~, s'il vous plaît. 표현으로 주문을 합니다. s'il vous plaît는 영어의 please입니다. 또한 우리가 이미 배운 Je voudrais 표현을 사용할 수도 있습니다.

Je voudrais une baguette, s'il vous plaît.

음식에 관련된 어휘　 MP3 09_06_02　▶ 소리내어 반복적으로 읽어 보세요.

Une baguette 바게트	**Un croissant** 크로아상
Un pain au chocolat 초콜렛빵	**Un gâteau** 케이크
Des gâteaux 케이크들	**Un gâteau au chocolat** 초코케이크
Une tarte 파이	**Une tarte aux fraises** 딸기파이
Une tarte aux pommes 사과파이	**Un chocolat** 초콜렛
Des glaces 아이스크림	**Des bonbons** 사탕
Le fromage 치즈	**Un fruit** 과일
Des légumes 야채	**La viande** 고기
Le poisson 생선	**Les fruits de mer** 해산물

Un gâteau, s'il vous plaît.　케이크 주세요

= Je voudrais un gâteau, s'il vous plaît.

Une tarte, s'il vous plaît.　파이 주세요

= Je voudrais une tarte, s'il vous plaît.

Des glaces, s'il vous plaît.　아이스크림 주세요

= Je voudrais des glaces, s'il vous plaît.

회·화·술·술

▶ 대화를 듣고 큰 소리로 따라해 보세요!　　　　　　　　　　　🎧 MP3 09_07

A　Vous prenez du café ?

B　Je ne prends pas de café.

A　Qu'est-ce que vous prenez ?

B　Je voudrais un coca, s'il vous plaît.

해석

A　당신은 커피를 마시나요?

B　저는 커피를 마시지 않습니다.

A　당신은 무엇을 마셔요?

B　콜라를 주세요.

 **단어정리**

prendre 먹다, 마시다, 타다 ｜ café 커피 ｜ Qu'est-ce que vous prenez ? 무엇을 마셔요(마실래요)? ｜ coca 콜라

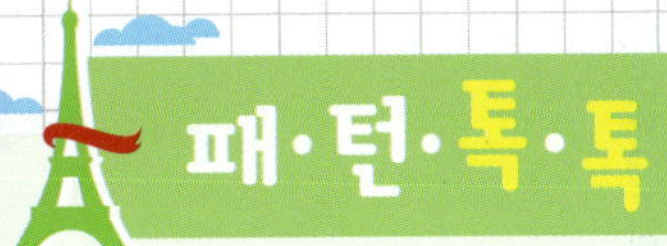

패·턴·톡·톡

01
🎧 MP3 09_08_01

누 프흐농 엉 까페
Nous prenons un café.

우리는 커피를 마십니다.

Je prends 주프헝 나는 마신다   **un chocolat chaud** 엉 쇼꼴라 쇼 핫초코
Tu prends 뛰 프헝 너는 마신다   **un jus de pomme** 엉 쥐 드 뽐 사과주스
Vous prenez 부 프흐네 당신은 마신다   **une bière** 윈 비에흐 맥주

02
🎧 MP3 09_08_02

라 쌀라드 엘라 퐁뒤 씰 부 쁠레
La salade et la fondue, s'il vous plaît.

샐러드와 퐁듀 주세요.

Le saumon fumé et le gratin 르 쏘몽 퓌메 엘 르 그하땅 훈제연어와 그라탕
Le foie gras et les spaghettis 르 푸아그하 엘 레 스빠게띠 푸아그라와 스파게티
Le plat du jour et un gâteau au chocolat 르 쁠라 뒤 주흐 에 엉 갸또 오 쇼꼴라
오늘의 요리와 초코케이크

1 **프랑스어로 번역해 보세요.**

커피 한 잔 주세요. → ....

카페오레 한 잔 주세요. → ....

콜라 한 잔 주세요. → ....

차 한 잔 주세요. → ....

오렌지주스 한 잔 주세요. → ....

과일주스 한 잔 주세요. → ....

이 커피는 아주 맛있습니다. → ....

이 맥주는 맛이 없습니다. → ....

이 핫초코는 맛있습니다. → ....

이 과일주스는 아주 맛있습니다. → ....

이 커피 아주 좋습니다. → ....

이 커피 아주 좋습니다. (다른 표현) → ....

2 **빈칸을 채워 보세요.**

Ce café .... très bon.　　　　Cette bière .... très bonne.

J'adore ce ....　　　　Je n'............ pas cette bière.

J'aime .... ce café.　　　　C'............ bon.

.... est bon ce café.　　　　............ est bonne cette bière.

.... est bon ce chocolat chaud.

3 prendre 동사로 채우세요.

Elle ______ un café.

Ils ______ un thé.

Il ______ un café au lait.

Elles ______ de l'eau.

Marie ______ un jus de fruits ?

Marie et Laurent ______ un jus de pomme.

Sophie et Marie ______ une bière.

Tu ______ un coca ?

Je ______ un café.

Vous ______ un chocolat chaud ?

Nous ______ un jus d'orange.

Laurent ______ un jus d'ananas.

Luc ______ un jus de raisin.

4 알맞은 부분관사로 채우세요. (du / de la / de l' / des)

Vous prenez ______ café ?

Ils prennent ______ chocolat chaud.

Tu prends ______ eau ?

Prenez-vous ______ jus de fruits ?

Nous prenons ______ jus de raisin.

Gérard prend ______ café au lait.

Nina prend ______ thé.

Je prends ______ jus d'orange.

Marc, Jean et Yohan prennent ______ coca ?

Est-ce que vous prenez ______ bière ?

5 다음의 문장들을 부정문으로 만들어 보세요.

Vous prenez du café ? → ______

Gérard prend du café au lait. → ______

Ils prennent du chocolat chaud. → ______

Nina prend du thé. → ______

Tu prends de l'eau ? → ______

Je prends du jus d'orange. → ______

Prenez-vous du jus de fruits ? → ______

Marc, Jean et Yohan prennent du coca ? → ______

Nous prenons du jus de raisin. → ______

 참고

음식 관련 어휘

Le fromage 치즈
Le camembert 카망베르	Le brie 브리	Le roquefort 로크포르
Le fromage de chèvre 염소치즈	Le comté 콩테	

Un fruit 과일
Une pomme 사과	Une poire 배	Une orange 오렌지
Une fraise 딸기	Une banane 바나나	Un melon 멜론
Un ananas 파인애플	Une pêche 복숭아	

Des légumes 야채
Des pommes de terre 감자	Des carottes 당근	Des tomates 토마토
Des oignons 양파	Des salades 샐러드	Des poireaux 파
Des haricots 콩	Des champignons 버섯	

La viande 고기
Le bœuf 쇠고기	Le porc 돼지고기	Le poulet 닭고기
Le canard 오리고기	Le cheval 말고기	Le mouton 양고기

Le poisson 생선
Le saumon 연어	Le thon 참치	La truite 송어

Les fruits de mer 해산물
Une huitre 굴	Un coquillage 조개	Une moule 홍합
Une crevette 새우	Un crabe 게	

Les produits de base 기본 음식
Le riz 쌀	Les pâtes 면	La farine 밀가루
Le sucre 설탕	Le sel 소금	Le poivre 후추

Les produits frais 신선한 음식
Le lait 우유	Le beurre 버터	Le yaourt 요구르트
Le jambon 햄	Les œufs 계란	

10

Le lieu
장소

무료 MP3 바로 듣기

중요 포인트

가다, 지내다 Le verbe aller
축약관사 L'article contracté
의문사 Où

01

쥬 베 자 빠리
Je vais à Paris.

나는 파리에 간다.

MP3 10_01_01

영어의 go동사에 해당되는 aller 동사를 배워 봅시다.

Aller는 '간다'라는 뜻입니다. Aller bien은 직역하면 '나는 잘 가고있다'라는 표현이지만 '잘 지 낸다'라는 표현으로 사용이 됩니다.

Je vais bien.   잘 지내요.

vais à는 연음을 해도 되고 안 해도 되는 경우에 속합니다. 따라서 [베 아] [베 자] 두 가지 방식 모두 사용이 됩니다.

● aller 동사 변화 MP3 10_01_02 ▶ 소리내어 반복적으로 읽어 보세요.

Je vais ~	나는 ~에 간다	Nous allons ~	우리는 ~에 간다
Tu vas ~	너는 ~에 간다	Vous allez ~	당신은 ~에 간다
Il / Elle va ~	그, 그녀는 ~에 간다	Ils / Elles vont ~	그들, 그녀들은 ~에 간다

● aller 동사 활용 예문 (잘 지낸다 / 잘 지내지 않는다)

Je vais **bien**	Tu vas **bien**	Il/Elle va **bien**
Nous allons **bien**	Vous allez **bien**	Ils/Elles vont **bien**
Je **ne** vais **pas bien**	Tu **ne** vas **pas bien**	Il/Elle **ne** va **pas bien**
Nous **n'**allons **pas bien**	Vous **n'**allez **pas bien**	Ils/Elles **ne** vont **pas bien**

※ ~에 간다   *전치사 à를 사용해서 '~에'라는 표현을 합니다.

Je vais **à Séoul**	Tu vas **à Paris**	Il/Elle va **à Tokyo**
Nous allons **à Pékin**	Vous allez **à New York**	Ils/Elles vont **à Londres**

02 | Je vais **à la** maison.

쥬 베 알 라 메종

나는 집에 간다.

'~에 간다'라는 표현을 하려면 전치사 **à**를 사용해야 하는데 그 뒤에 정관사 le, la, les가 오면 축약관사를 써야 합니다.

여기서 알아야 할 것은 **à**를 사용한 축약관사입니다.

à + le = **au** / à + la = **à la** / à + les = **aux**

남성형일 때에도 여성형일 때에도 뒤에 모음 또는 무음 h가 오면 **à l'**를 사용합니다.

● 나는 ~에 간다 MP3 10_02_02 ▶ 소리내어 반복적으로 읽어 보세요.

Je vais **à la** maison   나는 집에 간다

Je vais **à la** boulangerie   나는 빵집에 간다

Je vais **à l'**école   나는 학교에 간다

Je vais **à l'**hôtel   나는 호텔에 간다

Je vais **au** cinéma   나는 영화관에 간다

Je vais **au** supermarché   나는 슈퍼마켓에 간다

Je vais **aux** Etats-Unis   나는 미국에 간다

Je vais **aux** magasins   나는 가게에 간다

● Être à ~ (~에 있다 / ~에 있습니까?) MP3 10_02_03 ▶ 소리내어 반복적으로 읽어 보세요.

Je suis **à** Séoul

Elle est **à** Paris

Sophie est **à** Londres

Bruno est **à** Rome

Je suis **à la** maison

Vous êtes **à la** gare ?

Il est **à l'**école ?

Nous sommes **à l'**université

Tu es **au** cinéma ?

Est-ce que vous êtes **au** restaurant ?

Elle est **aux** Etats-Unis

Sommes-nous **aux** magasins ?

03 · Où allez-vous ?

<우> <알레> <부>

어디로 가세요?

MP3 10_03_01

장소를 물어볼 때에는 영어의 where에 해당이 되는 의문사 où를 사용합니다.

Où 뒤에 주어와 동사를 도치하면 됩니다.

🔴 장소를 물어보는 질문과 답변 MP3 10_03_02 ▶ 소리내어 반복적으로 읽어 보세요.

Où allez-vous ?   어디로 가십니까?

– Je vais à l'école   학교에 갑니다

Où est-ce que vous allez ?   어디로 가십니까?

– Je vais à la maison   집에 갑니다

Vous allez **où** ?   어디로 가십니까?

– Je vais à l'université   대학교에 갑니다

Où vas-tu ?   어디 가니?

– Je vais au bureau   사무실에 갑니다

Où est-ce que tu vas ?   어디 가니?

– Je vais au supermarché   슈퍼에 갑니다

Tu vas **où** ?   어디 가니?

– Je vais à Paris   파리에 갑니다

Où êtes-vous ?   어디에 계십니까?

– Je suis à l'école   학교에 있습니다

Où est-ce que vous êtes ?   어디에 계십니까?

– Je suis à la maison   집에 있습니다

Vous êtes où ?   어디에 계십니까?

– **Je suis à l'université**   대학교에 있습니다

Où est Sylvain ?   실벵은 어디에 있나요?

– **Il est au bureau**   사무실에 있습니다

Où est votre père ?   당신의 아버지는 어디에 계십니까?

– **Il est au supermarché**   슈퍼에 있어요

Où sont vos parents ?   부모님들은 어디에 계십니까?

– **Ils sont à Paris**   파리에 계십니다

Où est votre école ?   당신의 학교는 어디에 있나요?

– **Elle est à Séoul**   서울에 있습니다

Où est votre voiture ?   당신의 차는 어디에 있나요?

– **Elle est devant la maison**   집 앞에 있습니다

Où sont vos stylos ?   당신의 볼펜들이 어디에 있어요?

– **Ils sont dans mon sac**   내 가방 안에 있습니다

Où est-ce qu'on dîne ?   어디에서 저녁식사를 하나요?

– **On dîne au restaurant italien**   이탈리아 레스토랑에서 식사를 합니다

Où est-ce qu'ils sont ?   그들은 어디에 있나요?

– **Ils sont dans le café**   카페 안에 있습니다

Où sommes-nous ?   우리는 어디에 있나요

– **Nous sommes derrière le musée**   박물관 뒤에 있어요

▶ 대화를 듣고 큰 소리로 따라해 보세요!　　　　🎧 MP3 10_04

A　Tu vas à la maison ?

B　Non, je vais au cinéma.

A　Où vont tes parents ?

B　Ils vont au supermarché.

해석

A　너는 집에 가니?

B　아니, 나는 영화관에 가.

A　너의 부모님은 어디 가시니?

B　그분들은 슈퍼마켓에 가셔.

 단어정리

maison 집 ｜ **cinéma** 영화관 ｜ **où** 어디(의문사) ｜ **parent(s)** 부모님 ｜ **supermarché** 슈퍼마켓

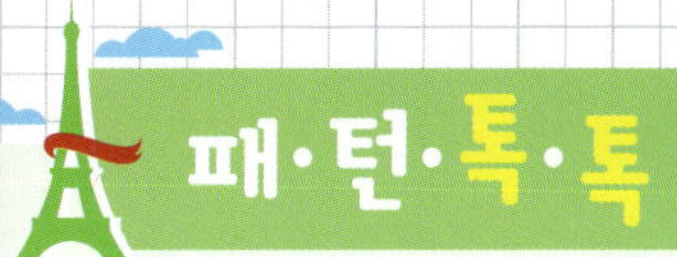

01

🎧 MP3 10_05_01

쥬 쒸이 알 랄 리브헤히
Je suis à la librairie.

나는 서점에 있습니다.

au supermarché 오 쒸뻬흐마흐세 　슈퍼마켓에
aux magasins 오 마갸쟝 　가게에
à l'école 알 레꼴 　학교에

02

🎧 MP3 10_05_02

우 에 씰방
Où est Sylvain ?

실벵은 어디에 있나요?

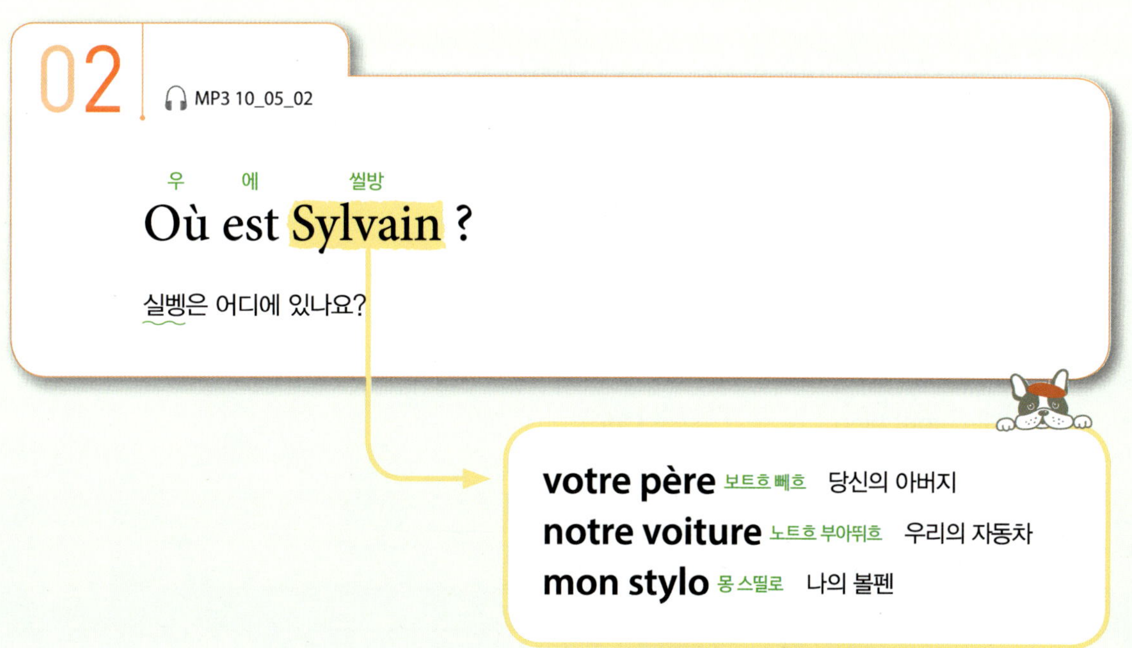

votre père 보트흐 뻬흐 　당신의 아버지
notre voiture 노트흐 부아뛰흐 　우리의 자동차
mon stylo 몽 스띨로 　나의 볼펜

1 빈칸을 aller 동사로 알맞게 채우세요.

Comment allez- ________ ?   Vous ________ bien ?

________ vas bien ?   Je ________ très bien.

Comment ________ -tu ?   Il ________ bien ?

Sophie ________ bien ?   Comment ________ Emilie ?

Elles ________ bien.   Comment ________ Lora et Pauline ?

Comment ________ -ils ?   Ils ________ très bien.

Vous ________ à Séoul ?   Je ________ à Paris.

Elle ________ à Pékin.   Nous ________ à Lyon.

Ils ________ à Tokyo.   Tu ________ à Busan ?

Est-ce que ________ allez à Rome ?   Je ________ à Londres.

Thomas ________ à Inchon.   Elisa et Laurent ________ à Marseille.

Nous ________ à Madrid.   Je ________ à Berlin.

2 다음의 질문에 Oui와 Non으로 답해 보세요.

Vous allez bien ?   → Oui, ________________________

          → Non, ________________________

Luc va bien ?   → Oui, ________________________

          → Non, ________________________

Elles vont bien ?   → Oui, ________________________

          → Non, ________________________

Tu vas bien ?   → Oui, ________________________

          → Non, ________________________

Vous allez à Versailles ?   → Oui, ____

                                 → Non, ____

Corine va à Lyon ?   → Oui, ____

                                 → Non, ____

Est-ce qu'ils vont à Paris ?   → Oui, ____

                                 → Non, ____

3 빈칸을 알맞은 축약관사로 채워 보세요. (au / à la / à l' / aux)

Vous allez ______ restaurant ?	Tu vas ______ école ?
Ils vont ______ cinéma.	Il va ______ gare.
Je vais ______ hôtel.	Nous allons ______ université.
Elles vont ______ supermarché.	Ils vont ______ Etats-Unis.
Je vais ______ parc.	Coline va ______ musée.
Nous allons ______ grand magasin.	Vous allez ______ librairie.
Daniel va ______ bar.	Nous sommes ______ université.
Ils sont ______ cinéma.	Coline est ______ musée.
Daniel est ______ bar.	Nous sommes ______ grand magasin.
Je suis ______ parc.	Je suis ______ boulangerie.
Ils sont ______ Etats-Unis.	Tu es ______ école ?
Vous êtes ______ restaurant ?	Je suis ______ hôtel.
Vous êtes ______ librairie.	Vous êtes ______ maison ?
Elles sont ______ supermarché.	Il est ______ gare.

Les soldes à ne pas manquer

쇼핑 천국 프랑스는 매년 6월과 1월에 전국적으로 대대적인 할인 행사를 한다. 재고 상품을 소진하려는 목적이겠지만 이 기간에는 전세계 관광객들이 쇼핑하려고 프랑스에 온다는 말이 있을 정도로 인기가 있고 할인 폭도 커서 명품을 구입하는 좋은 기회이기도 하다.

파리 시내 갤러리 라파예트 백화점과 쁘랭땅 백화점은 대표적으로 인기가 많은 곳이다. 또한 관광객이 주로 많이 찾는 곳으로 파리 디즈니랜드 근처의 "라 발레 빌라쥐(La Vallée Village)"가 유명하다. 파리 중심가에서 교외전철인 RER로 35분 거리인 La Vallée 역에서 하차하면 되는데 유명 패션브랜드 아울렛 등 120여 개의 상점들로 가득하다. 1992년 작은 규모로 이 아울렛이 생겼을 때에는 시중보다 가격이 매우 저렴했으나 요즘은 많이 비싸진 듯도 하다. 그래도 세일 기간에는 70%까지 할인 받을 수 있고 또 관광객에게는 안내센터에서 10% 추가 할인 쿠폰을 주는데 이 쿠폰으로 더 많은 혜택을 누릴 수 있다.

전국적으로 실시하는 세일 기간에는 1차부터 3차까지(troisième démarque) 할인 폭을 늘려가며 재고를 소진하는데 더 싸게 사려고 시간을 끌다가 원하던 물건이 동이 나 버리는 바람에 서운해 하는 일도 벌어지곤 한다.

11

Le prix
가격

무료 MP3 바로 듣기

중요 포인트

숫자 Les chiffres
가격 Le prix
나이 L'âge

01 Un stylo, deux stylos, trois stylos...

볼펜 한 개, 볼펜 두 개, 볼펜 세 개…

MP3 11_01_01

● **1부터 10까지 숫자를 배워 봅시다.** MP3 11_01_02

1 un 앙	**2 deux** 드	**3 trois** 트후아	**4 quatre** 꺄트흐	**5 cinq** 쌍끄
6 six 씨쓰	**7 sept** 쎗뜨	**8 huit** 윗뜨	**9 neuf** 뉘프	**10 dix** 디쓰

● **사물을 세어 봅시다.**

une maison 집

deux maisons 집

trois stylos 볼펜

quatre stylos 볼펜

cinq ballons 공

six ballons 공

sept chats 고양이

huit chats 고양이

neuf bonbons 사탕

dix bonbons 사탕

02 J'ai quinze livres.

MP3 11_02_01

나는 책 15권이 있습니다.

● **11부터 숫자를 배워 봅시다.** MP3 11_02_02

11부터 16까지는 하나의 단어로 되어 있습니다.

| 11 Onze | 12 Douze | 13 Treize | 14 Quatorze | 15 Quinze | 16 Seize |

17부터는 10 – 7과 같이 말합니다.

17은 dix를 '디'라고 하고 18과 19에서는 dix를 '디즈'와 같이 발음을 해야 합니다.

| 17 Dix-sept | 18 Dix-huit | 19 Dix-neuf |

21은 '20 그리고 1'이라고 하기 때문에 et(그리고)를 넣어야 합니다.

22부터는 바로 20-2, 20-3이라 하고 28, 29는 vingt에 '뜨'발음을 해서 '방뜨'라고 합니다.

*이밖에 38, 39, 48, 49, 58, 59, 68, 69도 마찬가지로 '뜨' 발음을 꼭 해 줍니다.

20 Vingt	21 Vingt et un	22 Vingt-deux	23 Vingt-trois
24 Vingt-quatre	25 Vingt-cinq	26 Vingt-six	27 Vingt-sept
28 Vingt-huit	29 Vingt-neuf		

03 Nous avons cinquante bonbons.

우리에게는 50개의 사탕이 있어요.

MP3 11_03_01

● **31부터 숫자를 배워 봅시다.** MP3 11_03_02

31, 41, 51, 61, 71은 중간에 et를 넣어 주어야 합니다.

30 Trente	31 Trente et un	32 Trente-deux
33 Trente-trois	34 Trente-quatre	35 Trente-cinq
36 Trente-six	37 Trente-sept	38 Trente-huit
39 Trente-neuf	40 Quarante	41 Quarante et un ...
49 Quarante-neuf	50 Cinquante	51 Cinquante et un ...
59 Cinquante-neuf	60 Soixante	61 Soixante et un ...

프랑스어에는 70이 없고 60+10이 되어 soixante-dix라고 합니다.

71은 60+11로 표현하여 soixante et onze가 됩니다.

70 Soixante-dix	71 Soixante et onze	72 Soixante-douze
73 Soixante-treize ...	77 Soixante-dix-sept	78 Soixante-dix-huit

80은 4x20이기 때문에 quatre-vingt, 90은 4x20+10으로 quatre-vingt-dix가 됩니다.

81과 91에서는 et를 넣지 않습니다.

80 Quatre-vingts	81 Quatre-vingt-un	82 Quatre-vingt-deux...
90 Quatre-vingt-dix	91 Quatre-vingt-onze	92 Quatre-vingt-douze...

숫자를 프랑스어로 읽는 연습을 꾸준히 하면 익숙해집니다.

04

MP3 11_04_01

Cent stylos, deux cents stylos, trois cents stylos...

볼펜 백 개, 볼펜 이백 개, 볼펜 삼백 개…

● **100~999를 세어 봅시다.** MP3 11_04_02

cent 뒤에 숫자가 올 때에는 복수의 s가 붙지 않습니다.

200 → deux cents   201 → deux cent un

100 Cent	101 Cent un	102 Cent deux
103 Cent trois	104 Cent quatre	105 Cent cinq
106 Cent six	107 Cent sept	108 Cent huit
109 Cent neuf	110 Cent dix	111 Cent onze
112 Cent douze	113 Cent treize	114 Cent quatorze
115 Cent quinze	116 Cent seize	117 Cent dix-sept
118 Cent dix-huit	119 Cent dix-neuf	120 Cent vingt
121 Cent vingt et un	122 Cent vingt-deux	123 Cent vingt-trois
124 Cent vingt-quatre	125 Cent vingt-cinq	…
200 Deux cents	201 Deux cent un	300 Trois cents
406 Quatre cent six	607 Six cent sept	

05 Combien ça coûte ?

MP3 11_05

이거 얼마예요?

Combien꽁비앙은 영어의 How much, How many에 해당되는 의문사입니다.

가격을 물어볼 때에는 '값이 나가다'라는 뜻의 coûter꾸떼 동사와 '이것' 이라는 뜻의 주어 ça싸를 써야 합니다. 우선은 Combien ça coûte?꽁비앙싸꾸뜨 또는 의문사를 문장에 뒤에 써서 Ça coûte combien?싸꾸뜨꽁비앙 이렇게 물어본다는 것을 알아 두세요.

가격을 말할 때에는 Ça coûte ~ euro싸꾸뜨~워호라고 합니다.

● 얼마입니까?(Combien ça coûte ?) / ~유로 입니다 (Ça coûte ~ euro)

Combien ça coûte ? / Ça coûte **combien** ?　얼마입니까?

Ça coûte **un** euro	Ça coûte **deux** euros
Ça coûte **trois** euros	Ça coûte **dix** euros
Ça coûte **quinze** euros	Ça coûte **vingt** euros
Ça coûte **cent** euros	Ça coûte **cent cinquante** euros.
Ça coûte **deux** euros dix	Ça coûte **cinq** euros vingt
Ça coûte **neuf** euros trente-cinq	Ça coûte **onze** euros quarante
Ça coûte **soixante-dix** euros quatre-vingt-dix	Ça coûte **six cents** euros
Ça coûte **sept cent dix** euros soixante-douze.	Ça coûte **quatre cent quatre** euros

다 합해서 얼마입니까? (Combien ça fait ?) / 다 합해서 ~유로 입니다 (Ça fait ~ euro) –

*'다 합해서'라는 표현을 하려면 faire (하다) 동사를 사용합니다. 우선은 이 표현도 알아 두세요.

Combien ça fait ? / Ça fait combien ?   다 합해서 얼마입니까?

Ça fait un euro

Ça fait quatre euros trente-neuf

Ça fait treize euros vingt-cinq

Ça fait cent cinquante euros

Ça fait trois cent sept euros dix

Ça fait neuf cents euros trente-cinq

Ça fait dix-sept euros trente-quatre

Ça fait cent trente euros soixante

Ça fait soixante-dix-neuf euros quatre-vingt-dix-neuf

Ça fait un euro quatre-vingt-dix

Ça fait douze euros

Ça fait vingt trois euros

Ça fait deux cent soixante-dix euros

Ça fait six cents euros vingt

Ça fait huit cent onze euros quarante

Ça fait un euro quarante-six

06

Quel âge avez-vous ?

나이가 어떻게 되세요?

MP3 11_06

나이를 물어볼 때에는 Quel âge '어떤 나이'라는 표현을 사용합니다.

Quel은 '어떤'이라는 뜻의 의문사이며 그 뒤에 오는 명사의 성과 수에 맞춰야 합니다.

남성형단수 quel, 여성형단수 quelle, 남성형복수 quels, 여성형복수 quelles 입니다.

avoir 동사를 사용해서 나이를 말합니다.

나이 묻고 답하기

Quel âge avez-vous ? 나이가 어떻게 되세요? J'ai 20 ans. 20살입니다.

Quel âge as-tu ? 몇 살이니? J'ai 25 ans. 25살이야.

Quel âge a-t-il ? 그는 몇 살입니까? Il a 3 ans. 3살입니다.

Quel âge a-t-elle ? 그녀는 몇 살이에요? Elle a 9 ans. 9살입니다.

Quel âge a votre père ? 당신의 아버지는 몇 살이십니까? Il a 49 ans. 49세입니다.

Quel âge a votre mère ? 당신의 어머니는 몇 살이십니까? Elle a 42 ans. 42세입니다.

Quel âge a ton petit frère ? 너의 남동생은 몇 살이니? Il a 16 ans. 16살이야.

Quel âge a ta grande sœur ? 너의 언니는 몇 살이니? Elle a 19 ans. 19살이야.

Quel âge a ton cousin ? 너의 남자사촌은 몇 살이니? Il a 29 ans. 29살이야.

Quel âge a ta cousine ? 너의 여자사촌은 몇 살이니? Elle a 11 ans. 11살이야.

회·화·술·술

A Quel âge avez-vous ?

B J'ai 20 ans.

A Quel âge a votre mère ?

B Elle a 42 ans.

A Combien coûte le livre ?

B Ça coûte 15 euros.

해석

A 나이가 어떻게 되세요?

B 20살입니다.

A 당신의 어머니는 몇 살이십니까?

B 42세입니다.

A 이 책은 얼마인가요?

B 15유로입니다.

 **단어정리**

quel 어떤 | âge 나이 | an(s) ~살, 세(歲) | votre 당신의 | mère 어머니 | combien 얼마나 | coûter 가격이 나가다

01

🎧 MP3 11_08_01

Il y a **un livre français.**

프랑스어 책 한 권이 있습니다.

une voiture coréenne 한국 자동차 한 대
30 grandes maisons 큰 집 30채
68 crayons rouges 빨간색 연필 68개

02

🎧 MP3 11_08_02

Ça fait **22 euros.**

다 합해서 22유로입니다.

307 euros 10 (trois cent sept euros dix)
699 euros 20 (six cent quatre-vingt-dix-neuf euros vingt)
900 euros 35 (neuf cents euros trente-cinq)

1 사람이 몇 명인지 세어 보세요.

(1) .... personne   (2) .... personnes   (3) .... personnes

(4) .... personnes   (5) .... personnes   (6) .... personnes

(7) .... personnes   (8) .... personnes   (9) .... personnes

(10) .... personnes

2 의자의 수를 세어 보세요.

(1) .... chaise   (2) ....   (3) ....

(4) ....   (5) ....   (6) ....

(7) ....   (8) ....   (9) ....

(10) ....

3 프랑스어로 번역해 보세요.

이것은 얼마입니까?   → ....

(다른 표현)   → ....

이것은 1유로입니다.   → ....

이것은 3유로 20입니다.   → ....

이것은 5유로 45입니다.   → ....

이것은 9유로 79입니다.   → ....

이것은 10유로 15입니다.   → ....

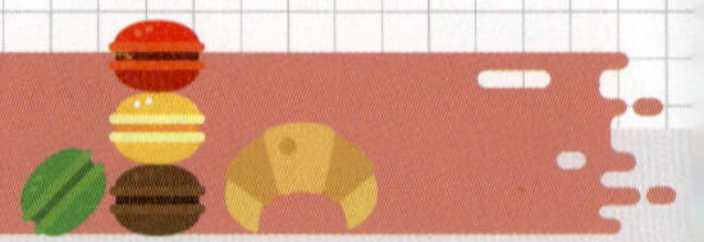

모두 합해서 얼마입니까?　　　　→

(다른 표현)　　　　→

모두 합해서 190유로 05입니다.　　　　→

모두 합해서 110유로 94입니다.　　　　→

모두 합해서 210유로 86입니다.　　　　→

모두 합해서 211유로입니다.　　　　→

모두 합해서 709유로입니다.　　　　→

모두 합해서 99유로 99입니다.　　　　→

4 **다음의 질문에 답해 보세요.**

Quel âge avez-vous ?　　　　→ (27)

Quel âge as-tu ?　　　　→ (32)

Quel âge a votre mère ?　　　　→ (41)

Quel âge a votre grand-père ?　　　　→ (86)

Quel âge a ton cousin ?　　　　→ (38)

Quel âge a ta tante ?　　　　→ (30)

Quel âge a ton oncle ?　　　　→ (31)

Quel âge a votre sœur ?　　　　→ (24)

Quel âge a Pierre ?　　　　→ (14)

12

Les verbes d'action
행위 동사

무료 MP3 바로 듣기

중요 포인트

하다 Le verbe ≪faire≫
근접미래 Le futur proche
할 수 있다 Le verbe ≪pouvoir≫

문·법·콕·콕

01 Je fais les devoirs.

숙제를 한다.

MP3 12_01_01

영어의 do에 해당되는 faire 동사를 배워 봅시다.

● faire 동사 변화   MP3 12_01_02

Je fais ~	나는 ~를 한다	Nous faisons ~	우리는 ~를 한다
Tu fais ~	너는 ~를 한다	Vous faites ~	당신은 ~를 한다
Il/Elle fait ~	그, 그녀는 ~를 한다	Ils/Elles font ~	그들, 그녀들은 ~를 한다

● ~를 한다

*어떠한 능력을 말할 때에는 셀 수 없는 명사의 de를 사용해서 말합니다.

Je fais **les devoirs** 숙제를 한다

Je fais **de la guitare** 기타를 친다

Je fais **du tennis** 테니스를 친다

Je fais **du piano** 피아노를 친다

Je fais **du sport** 운동을 한다

참고) Je fais **du 40** 사이즈가 40이다

● 무엇을 하나요?

*의문사 que와 질문의 est-ce que를 합치면 Qu'est-ce que가 됩니다.

Qu'est-ce que vous faites ?

Qu'est-ce qu'il fait ?

Qu'est-ce qu'ils font ?

Qu'est-ce que tu fais ?

Qu'est-ce qu'elle fait ?

Qu'est-ce qu'elles font ?

02 Quelle taille faites-vous ?

MP3 12_02

사이즈가 어떻게 되나요?

taille는 '어떤 사이즈'라는 뜻이며 faire 동사를 써서 직역하면 '어떤 사이즈를 하십니까?'라는 뜻입니다. '사이즈가 어떻게 되나요'라는 의미로 사용됩니다.

● 사이즈가 어떻게 되나요? (Quelle)

Quelle taille faites-vous ?	**Quelle taille** fais-tu ?
Quelle taille fait-il ?	**Quelle taille** fait-elle ?
Quelle taille font-ils ?	**Quelle taille** font-elle ?

● ～ 사이즈이다 (모든 인칭으로)

Je fais du 44	**Tu fais du** 48
Il/Elle fait du 52	**Nous faisons du** 36
Vous faites du 40	**Ils/Elles font du** 42

 참고

프랑스 사이즈 기준

Homme	S : 44	M : 48	L : 52	XL : 56
Femme	S : 36	M : 38	L : 40	XL : 44

03   Je vais parler français.

나는 프랑스어를 할 것이다.

MP3 12_03

가까운 미래를 말할 때에는 근접미래 시제를 사용할 수 있습니다.

근접미래 시제는 우리가 이미 배운 Aller 동사 뒤에 동사원형을 넣어서 만듭니다.

영어의 'be going to + 동사원형'과 비슷하다고 보시면 됩니다.

~를 할 것이다 (aller + 동사원형)

Je vais **parler français** 프랑스어를 할 것이다

Je vais **aimer la cuisine** 요리를 좋아할 것이다

Je vais **prendre un café** 커피를 마실 것이다

Je vais **être à Marseille** 마르세이유에 갈 것이다

Je vais **vous aider** 당신을 도와줄 것이다

Je vais **regarder la télévision** 텔레비전을 볼 것이다

Je vais **payer par carte bleue** 카드로 낼 것이다

Je vais **habiter à Paris** 파리에 살 것이다

Je vais **être sympa** 친절할 것이다

Je vais **aller à l'école** 학교에 갈 것이다

Je vais **faire les devoirs** 숙제를 할 것이다

Je vais **essayer** 해 볼 것이다

프랑스어를 할 것이다 (모든 인칭으로)

Je vais parler français

Il va parler français

Nous allons parler français

Ils vont parler français

Tu vas parler français

Elle va parler français

Vous allez parler français

Elles vont parler français

04 Je peux parler français.

나는 프랑스어를 할 수 있어요.

MP3 12_04_01

영어의 can에 해당되는 pouvoir 동사를 배워 봅시다.

이 동사 뒤에 동사형을 쓰면 '~를 할 수 있다'라는 표현이 됩니다.

pouvoir 동사 변화 MP3 12_04_02

Je peux ~	나는 ~를 할 수 있다	Nous pouvons ~	우리는 ~를 할 수 있다
Tu peux ~	너는 ~를 할 수 있다	Vous pouvez ~	당신은 ~를 할 수 있다
Il/Elle peut ~	그, 그녀는 ~를 할 수 있다	Ils/Elles peuvent ~	그들, 그녀들은 ~를 할 수 있다

나는 ~를 할 수 있다 / ~를 할 수 있습니까?

Je peux **habiter à Paris**   파리에 살 수 있다

Je peux **prendre un café**   커피를 마실 수 있다

Je peux **aller à l'école**   학교에 갈 수 있다

Je peux **vous aider?**   도와드릴까요?

Je peux **payer par carte bleue?**   카드로 낼 수 있나요?

Je peux **essayer?**   해 볼 수 있나요?

~를 할 수 없다

Je **ne** peux **pas** aller à l'école   학교에 갈 수 없습니다

Je **ne** peux **pas** faire les devoirs   숙제를 할 수가 없습니다

Je **ne** peux **pas** vous aider   도와드릴 수가 없습니다

Je **ne** peux **pas** payer par carte bleue   카드로 낼 수가 없습니다

Je **ne** peux **pas** essayer   해 볼 수가 없습니다

05 Je **veux** habiter à Paris.

파리에 살고 싶어요.

MP3 12_05_01

9과에서 배운 vouloir 동사 뒤에 동사원형을 넣으면 '~를 하고 싶다'라는 표현이 됩니다.

vouloir 동사 변화 MP3 12_05_02

Je veux ~	나는 ~을 원한다	**Nous voulons ~**	우리는 ~을 원한다
Tu veux ~	너는 ~을 원한다	**Vous voulez ~**	당신은 ~을 원한다
Il veut ~	그는 ~을 원한다	**Ils veulent ~**	그들은 ~을 원한다
Elle veut ~	그녀는 ~을 원한다	**Elles veulent ~**	그녀들은 ~을 원한다

나는 ~하고 싶다

Je veux **parler français**   프랑스어를 하고 싶어요

Je veux **habiter à Paris**   파리에 살고 싶어요

나는 ~를 하고 싶지 않다

Je **ne** veux **pas** aller à l'école   학교에 가고 싶지 않아요

Je **ne** veux **pas** faire les devoirs   숙제를 하고 싶지 않아요

당신은 ~하고 싶으십니까?

Voulez-vous habiter à Paris ?   파리에 살고 싶어요?

Voulez-vous regarder la télévision ?   텔레비전을 보고 싶어요?

06 J'aime regarder la télévision.

나는 텔레비전 보는 것을 좋아해요.

MP3 12_06_01

4과에서 배운 aimer 동사 뒤에 동사원형을 넣으면 '~하는 것을 좋아한다'라는 표현이 됩니다.

● aimer 동사 변화 · MP3 12_06_02

J'aime ~	나는 ~를 좋아한다	Nous aimons ~	우리는 ~를 좋아한다
Tu aimes ~	너는 ~를 좋아한다	Vous aimez ~	당신은 ~를 좋아한다
Il aime ~	그는 ~를 좋아한다	Ils aiment ~	그들은 ~를 좋아한다
Elle aime ~	그녀는 ~를 좋아한다	Elles aiment ~	그녀들은 ~를 좋아한다

● 나는 ~하는 것을 좋아한다

J'aime parler français   프랑스어 하는 것을 좋아해요

J'aime habiter à Paris   파리에 사는 것을 좋아해요

● 나는 ~하는 것을 싫어한다

Je **n'**aime **pas** aller à l'école   학교에 가는 것을 싫어해요

Je **n'**aime **pas** faire les devoirs   숙제하는 것을 싫어해요

● 당신은 ~하는 것을 좋아합니까?

Est-ce que **vous aimez** habiter à Paris ?   파리에 사는 것을 좋아해요?

Est-ce que **vous aimez** regarder la télévision ?   텔레비전 보는 것을 좋아해요?

▶ 대화를 듣고 큰 소리로 따라해 보세요!　　　🎧 MP3 12_07

A Je veux habiter à Paris. Je vais habiter à Paris.

B Je ne peux pas habiter à Paris. Tu aimes parler français ?

A Oui, j'aime parler français.

B Je n'aime pas parler français.

A Qu'est-ce que tu vas faire ?

B Je vais faire les devoirs.

 **해석**

A 나는 파리에 살고 싶어.
파리에 살 거야.

B 나는 파리에 살 수 없어.
프랑스어 하는 것을 좋아해?

A 응, 프랑스어 하는 것을 좋아해.

B 나는 프랑스어 하는 것을 좋아하지 않아.

A 무엇을 할 거야?

B 숙제를 할 거야.

 **단어정리**

vouloir 원한다 | habiter 살다 | aller + faire '∼을 할 것이다' 근접미래 | pouvoir 할 수 있다 |
aimer 좋아한다 | parler 말하다

01

🎧 MP3 12_08_01

Je fais **du piano.**

나는 <u>피아노를 친다</u>.

de la guitare 기타를 친다
du sport 운동을 한다
les devoirs 숙제를 한다

02

🎧 MP3 12_08_02

Je vais **prendre un café.**

나는 <u>커피를 마실</u> 것이다.

aller au café 카페에 갈
parler français 프랑스어를 할
habiter à Paris 파리에 살

1 프랑스어로 번역해 보세요.

당신은 무엇을 하고 계십니까? → ....

그들은 무엇을 하고 있습니까? → ....

나는 숙제를 하고 있습니다. → ....

그녀들은 숙제를 하고 있습니다. → ....

너는 피아노를 치니? → ....

그녀는 테니스를 칩니다. → ....

당신은 사이즈가 어떻게 되십니까? → ....

나는 38 사이즈 입니다. → ....

2 다음의 문장들을 근접미래로 만들어 보세요.

J'habite à Lyon. → ....

Vous parlez français. → ....

Tu aimes le sport. → ....

Bernard est gentil. → ....

Elle prend un café. → ....

Nous allons à l'école. → ....

Patrick est à Marseille. → ....

Je fais les devoirs. → ....

Ils regardent la télévision. → ....

Nina et Jin habitent à Tokyo. → ....

Vous faites du sport. → ....

3 다음의 질문에 Oui와 Non으로 답해 보세요.

Vous pouvez parler japonais ? → Oui, ...

→ Non, ...

Vous pouvez faire les devoirs ? → Oui, ...

→ Non, ...

Je peux payer par carte bleue ? → Oui, ...

→ Non, ...

Est-ce que je ne peux pas essayer ? → Oui, ...

→ Non, ...

4 프랑스 말로 번역해 보세요.

나는 프랑스어 하는 것을 좋아한다. → ....

나는 영어 하는 것을 좋아하지 않는다. → ....

그는 서울에 사는 것을 좋아합니까? → ....

우리는 파리에 사는 것을 좋아합니다. → ....

그들은 일본어 하기를 원합니다. → ....

나는 숙제 하기를 원합니다. → ....

당신은 파리에 가고 싶으십니까? → ....

그들은 학교에 가는 것을 좋아하지 않습니다. → ....

Provence

프로방스 하면 왠지 낭만적이고 자연적이며 라벤더 향기가 절로 연상되는 느낌이다.

그렇다. 프랑스 남동부 지중해 연안에 가깝게 위치한 프로방스 지역은 예술과 낭만, 그리고 자연이 어우러지는 아름다운 곳이다.
프로방스는 드롬(Drôme), 알프 마리팀(Alpes-Maritimes), 바르(Var), 알프 드 오뜨 프로방스(Alpes-de-Haute-Provence), 부슈뒤론(Bouches-du-Rhône), 보클뤼즈(Vaucluse)의 6개 주로 이루어진 꽤나 큰 지역으로 고대 페니키아의 식민지였으나 로마가 점령하면서 일찍이 도시 문명이 번영하였고 17세기에 프랑스 땅이 되었다.

도심을 조금 벗어나면서 올리브 나무와 라벤더 농장을 자주 볼 수 있는데 거리와 관광지에서 파는 대표적인 기념품도 라벤더의 향료, 그림, 공예품들로 가득하다.
이 지역의 대표 관광지인 액상프로방스(Aix-en-Provence)는 도시 전체가 세잔 박물관이라 할 만큼 세잔과 에밀졸라의 추억이 많다. 젊은 시절 그들이 다니던 학교와 아틀리에, 그리고 무덤 등 세잔의 수많은 흔적들을 도시 전체에서 확인할 수 있다.
프로방스에 방문하게 된다면 가까운 아비뇽(Avignon)과 아흘르(Arles), 그리고 시간이 허락된다면 레보 드 프로방스(Les Beaux- de-Provence)를 방문하여 지금도 살아있는 옛 정취를 만끽해 보길 바란다.

13

La famille et la maison

가족과 집

무료 MP3 바로 듣기

중요 포인트

대명동사 Le verbe pronominal
식사 Le repas
가족 La famille

01 Je me douche.

나는 샤워를 한다.

MP3 13_01

동사원형이 se ~ 형태인 것은 대명동사라고 합니다. '자기 자신을 ~하다'라는 의미가 됩니다.

여기서 se를 재귀대명사라고 하는데 주어에 맞게 바꾸어야 합니다.

예를 들면, '샤워하다'는 Je douche라고 할 수 없고 꼭 Je me douche라고 해야 합니다.

다양한 대명동사들을 배워 봅시다.

● Se doucher (샤워하다)

Je me douche	나는 샤워를 한다	**Nous nous douchons**	우리는 샤워를 한다
Tu te douches	너는 샤워를 한다	**Vous vous douchez**	당신은 샤워를 한다
Il/Elle se douche	그, 그녀는 샤워를 한다	**Ils/Elles se douchent**	그들, 그녀들은 샤워를 한다

● Se reposer (쉬다)

Je me repose	나는 쉬고 있다	**Nous nous reposons**	우리는 쉬고 있다
Tu te reposes	너는 쉬고 있다	**Vous vous reposez**	당신은 쉬고 있다
Il/Elle se repose	그, 그녀는 쉬고 있다	**Ils/Elles se reposent**	그들, 그녀들은 쉬고 있다

● Ne pas se reposer (쉬지 않는다)

*동사원형의 부정문은 ne pas + 동사원형으로 만듭니다.

Je ne **me repose** pas	**Nous** ne **nous reposons** pas
Tu ne **te reposes** pas	**Vous** ne **vous reposez** pas
Il/Elle ne **se repose** pas	**Ils/Elles** ne **se reposent** pas

02 Je m'appelle David.

MP3 13_02

내 이름은 다비드입니다.

우선 1군동사 appeler는 '부르다'라는 뜻으로서 조금 특이하게 변화되는 1군동사입니다.

Je , tu, il, ils 주어에서 l이 두개가 되어 appeller이 됩니다. Nous, vous 인칭에서는 다시 l 하나로 돌아옵니다.

appeler는 '부르다'라는 뜻으로서 'J'appelle David.'라고 하면 '나는 다비드를 부른다'가 됩니다. 하지만 'Je m'appelle David' 이라고 하면 '내 이름은 다비드이다'가 됩니다. s'appeler는 대명동사 이기 때문에 '자기 자신을 부르다'가 되는데요. 즉 '내 이름은 ~입니다'가 되는 것입니다.

S'appeler (자신을 ～라고 부르다/ 이름이 ～이다)

Je m'appelle ~	Nous nous appelons ~
Tu t'appelles ~	Vous vous appelez ~
Il/Elle s'appelle ~	Ils/Elles s'appellent ~

Ne pas s'appeler ～ (자신을 ～라고 부르지 않는다 / 이름이 ～가 아니다)

*ne pas의 위치를 잘 보세요.

Je ne m'appelle pas ~	Nous ne nous appelons pas ~
Tu ne t'appelles pas ~	Vous ne vous appelez pas ~
Il/Elle ne s'appelle pas ~	Ils/Elles ne s'appellent pas ~

Questions (질문)

Est-ce que vous vous appelez~? / Vous appelez-vous~?　성함이 ～이신가요?

Comment est-ce que vous vous appelez? / Comment vous appelez-vous?

성함이 어떻게 되시나요?

03 Je prends le petit déjeuner.

MP3 13_03

나는 아침식사를 한다.

영어의 take에 해당되는 prendre 동사를 사용해서 '아침, 점심, 저녁 식사를 한다'라는 표현을 할 수 있습니다.

아침식사 하다 (prendre le petit déjeuner)

Je prends le petit déjeuner   Tu prends le petit déjeuner

Il/Elle prend le petit déjeuner   Nous prenons le petit déjeuner

Vous prenez le petit déjeuner   Ils/Elles prennent le petit déjeuner

점심식사 하다 (prendre le déjeuner / déjeuner)

Je prends le déjeuner (Je déjeune)   Tu prends le déjeuner (Tu déjeunes)

Il/Elle prend le déjeuner (Il/Elle déjeune)   Nous prenons le déjeuner (Nous déjeunons)

Vous prenez le déjeuner (Vous déjeunez)

Ils/Elles prennent le déjeuner (Ils/Elles déjeunent)

저녁식사 하다 (prendre le dîner / dîner)

Je prends le dîner (Je dîne)

Tu prends le dîner (Tu dînes)

Il/Elle prend le dîner (Il/Elle dîne)

Nous prenons le dîner (Nous dînons)

Vous prenez le dîner (Vous dînez)

Ils/Elles prennent le dîner (Ils/Elles dînent)

J'ai un petit frère.

나는 남동생이 있다.

avoir 동사를 사용해서 가족 구성원을 표현할 수 있습니다.

la famille 가족

le mari 남편	**la femme** 부인	**les enfants** 자식들
le fils 아들	**la fille** 딸	**les parents** 부모
le père 아버지	**papa** 아빠	**la mère** 어머니
maman 엄마	**le frère** 형제	**le petit frère** 남동생
le grand frère 형, 오빠	**la sœur** 자매	**la petite sœur** 여동생
la grande sœur 언니, 누나	**le grand-père** 할아버지	**la grand-mère** 할머니
le cousin 친척(남자)	**la cousine** 친척(여자)	

가족 관련 예문 읽기

J'ai un fils et une fille. 저는 아들과 딸이 있습니다.

Elle a une grande sœur. 그녀는 언니가 있습니다.

Il n'a pas de petit frère. 그는 남동생이 없습니다.

Nous avons 3 cousins. 우리는 세 명의 친척(남자)들이 있습니다.

Ils ont des enfants. 그들은 자식들이 있습니다.

▶ 대화를 듣고 큰 소리로 따라해 보세요!　　　MP3 13_05

A　J'ai un grand frère.

B　Comment s'appelle-t-il ?

A　Il s'appelle David. Il dîne.

B　J'ai une petite sœur. Elle ne prend pas le dîner.

해석

A　저는 형이 한 명 있습니다.

B　그의 이름은 무엇입니까?

A　그의 이름은 David 입니다.
　　　지금 그는 저녁 식사를 합니다.

B　저는 여동생이 있습니다.
　　　그녀는 저녁을 먹지 않습니다.

 단어정리

grand frère 형, 오빠 ┃ ※s'appelle-t-il에서 t는 의미 없이 발음상 넣어 주는 것입니다 ┃ dîner = prendre le dîner 저녁식
사를 하다 ┃ petite sœur 여동생

01

🎧 MP3 13_06_01

Je me **douche**.

나는 샤워를 한다.

repose 쉬고 있다
lave 씻고 있다
réveille 깨고 있다

02

🎧 MP3 13_06_02

J'ai **des parents.**

저는 부모님이 있습니다.

un mari 남편이
une femme 부인이
un grand-père et une grand-mère 할아버지 할머니가

1 다음의 질문에 Oui와 Non으로 답해 보세요.

Est-ce qu'il se repose ?

→ Oui, ______________________

→ Non, ______________________

Vous appelez-vous Marc ?

→ Oui, ______________________

→ Non, ______________________

Est-ce qu'elle s'appelle Lorie ?

→ Oui, ______________________

→ Non, ______________________

Te reposes-tu ?

→ Oui, ______________________

→ Non, ______________________

Est-ce que tu t'appelles Jean ?

→ Oui, ______________________

→ Non, ______________________

2 빈칸을 알맞게 채워 보세요.

Je ne ______ pas le petit déjeuner.

Tu ______ le déjeuner.

Il ______ le petit déjeuner à la maison.

Nous ______ le petit déjeuner.

______ prenez le petit déjeuner ?

Elles ______ le petit déjeuner.

Je ______ le déjeuner à l'école.

______ -tu le déjeuner à l'université ?

Elle ______ le déjeuner.

Nous ______ le déjeuner.

Vous ______ le déjeuner.

Ils ______ le déjeuner.

Je ______ dans ce café.

Tu ______ ici ?

Il veut ______ ?

Nous ne voulons pas ______ .

Vous voulez ______ avec moi ?

______ -elles ensemble ?

Je _______ le dîner à la maison.

Noémie _______ le dîner au restaurant.

_______ -vous le dîner à l'hôtel ?

_______ -tu le dîner à l'université ?

Nous ne voulons pas _______ le dîner.

Est-ce qu'ils _______ le dîner ensemble.

Je _______ au restaurant.

Il _______ au bureau.

Vous ne voulez pas _______ dans ce restaurant ?

Tu _______ avec Joseph ?

Nous voulons _______ ensemble.

Ils _______ ensemble.

3 다음의 질문에 Oui와 Non으로 답해 보세요.

Est-ce que vous prenez le petit déjeuner ?
→ Oui, _______________________________
→ Non, _______________________________

Est-ce que David prend le petit déjeuner ?
→ Oui, _______________________________
→ Non, _______________________________

Tu déjeunes à l'école ?
→ Oui, _______________________________
→ Non, _______________________________

On déjeune ensemble ?
→ Oui, _______________________________
→ Non, _______________________________

Sophie dîne avec Laurent ?
→ Oui, _______________________________
→ Non, _______________________________

Fred prend le déjeuner ?
→ Oui, _______________________________
→ Non, _______________________________

L'architecture vivante!

유럽, 특히 파리를 여행하다 보면 감히 예술이라 느낄 건축물들을 많이 접하게 된다. 더구나 밤이 되어 조명까지 비춰진 풍광을 보노라면 절로 감탄사가 나온다. 프랑스의 도심은 그래서 밤이 예쁘다.

프랑스 건축 양식의 역사는 귀족들을 중심으로 시작된 부의 과시로부터 출발한다. 16세기경에는 귀족들이 외부 침입을 막기 위해 세운 거대한 규모의 건축물이 지어졌지만 18세기에 들어서면서부터는 규모가 축소화되고 점점 더 단순한 건축물로 변화되어 왔다는 것을 알 수 있다.

파리의 대표적인 건축물은 구스타브 에펠(Gustave Eiffel)의 에펠탑(La tour Eiffel), 르 코르뷰지에(Le Corbusier)의 노트르담 듀 오(Notre-Dame-du-Haut), 그리고 정 누벨(Jean Nouvel)의 라데팡스(La Défense)가 있다.

단단한 돌과 대리석을 사용한 유럽 대부분의 건축물들은 수명도 길어서 현재까지 잘 보존되어 유물로 인정받고 있다. 견고하게 지어지기도 했지만, 그 관리 또한 철저하다. 돌로 지어진 프랑스 건물들 세척은 어떻게 할까? 나도 꽤 궁금했었는데 가끔 지나다 보면 모래 스프레이를 이용한 샌딩 작업으로 닦아내는 것을 볼 수 있다.

무료 MP3 바로 듣기

중요 포인트

직접목적보어 인칭대명사 Les pronoms personnels COD
~해서 기쁩니다 être heureux de ~
모든 Tout, 많은 Beaucoup de
명령법 L'impératif

01 Je t'aime.

MP3 14_01

나는 너를 사랑해.

주어에 동사 사이에 직접목적보어 인칭대명사 te를 사용해서 '너를'이라는 표현을 할 수 있습니다.

동사원형이 se ~ 형태인 것은 대명동사라고 합니다. 여기서 se를 재귀대명사라고 하는데 주어에 맞게 바꾸어야 합니다. 하지만 재귀대명사가 주어와 일치되지 않을 때에는 대명동사가 아니라 '~를 ~한다'라는 뜻이 됩니다. 여기서 me, te, le, la, nous, vous, les는 직접목적보어 인칭대명사(Les pronoms personnels compléments d'objet direct)라고 합니다.

직접목적보어 인칭대명사 예문

Tu me rencontres   너는 나를 만난다

Je te rencontre   나는 너를 만난다

Elle le rencontre   그녀는 그를 만난다

Vous la rencontrez   당신은 그녀를 만납니다

Il nous rencontre   그는 우리는 만납니다

Je vous rencontre   나는 당신을 만납니다

Nous les rencontrons   우리는 그들을 만납니다

Ils les rencontrent   그들은 그들을 만납니다

Tu **m'aimes**   너는 나를 사랑한다

Je **t'aime**   나는 너를 사랑한다

Elle **l'aime**   그녀는 그를 사랑한다

Vous **l'aimez**   당신은 그를 사랑한다

Il **nous** aime   그는 우리를 사랑한다

Je **vous** aime   나는 당신을 사랑합니다

Nous **les aimons**   우리는 그들을 사랑합니다

Ils **les aiment**   그들은 그들을 사랑합니다

Tu **m'appelles**   너는 나를 부른다

Je **t'appelle**   나는 너를 부른다

Elle **l'appelle**   그녀는 그를 부른다

Vous **l'appelez**   당신은 그를 부른다

Il **nous** appelle   그는 우리를 부른다

Je **vous** appelle   나는 당신을 부릅니다

Nous **les** appelons   우리는 그들을 부릅니다

Ils **les** appellent   그들은 그들을 부릅니다

02 Je suis heureux de vous rencontrer.

🎧 MP3 14_02

당신을 만나서 기쁩니다.

누군가를 처음 만났을 때에 하는 인사입니다. heureux는 '행복한'이라는 뜻의 형용사입니다. 여성형은 heureuse이고요. 'être heureux de + 동사원형'은 '~해서 행복하다'라는 뜻입니다. être heureux de 다음에 직접목적보어 인칭대명사를 쓴 후 동사원형이 올 수 있습니다.

Je suis heureux 나는 행복하다

Je suis heureux de rencontrer   만나서 행복하다

Je suis heureux de vous rencontrer   당신을 만나서 행복하다

● être heureux de + 동사원형 (~해서 행복하다)

Je suis **heureux d'**être ici   여기에 있어서 행복합니다

Je suis **heureuse d'**habiter à Séoul   서울에 살아서 행복합니다

Je suis **heureux de** vous présenter Marc   마크를 소개해서 행복합니다

Je suis **heureux de** te rencontrer   너를 만나서 행복해

Je suis **heureuse de** le rencontrer   그를 만나서 행복해요

*être ravi de + 동사원형'도 같은 상황에서 많이 쓰이는 표현입니다.

Je suis **ravi d'**être ici   여기에 있게 되어서 기쁩니다

Je suis **ravie d'**habiter à Séoul   서울에 살아서 기쁩니다

Je suis **ravi de** vous présenter Marc   당신에게 마크를 소개해서 기쁩니다

Je suis **ravi de** te rencontrer   너를 만나서 기뻐

Je suis **ravie de** le rencontrer   그를 만나서 기쁩니다

03 Tout le monde aime la musique.

MP3 14_03_01

모두 음악을 좋아합니다.

le monde는 '세상'이라는 뜻이지만 '사람들'이라는 뜻도 됩니다. 여기에 '모든'이라는 뜻의 tout를 추가하면 '모든 사람들' 즉 '모두'라는 뜻이 됩니다.

MP3 14_03_02

	남성형	여성형
단수	Tout	Toute
복수	Tous	Toutes

tout (모든) 활용 예문

Tout le monde   모든 사람들   **Tout** le week-end   주말 내내

Tout le monde aime la musique   모든 사람들은 음악을 좋아합니다

Je fais du sport **tout** le week-end   주말 내내 운동을 합니다

Toute la journée   하루 내내   **Toute** la soirée   저녁 내내

Je suis à l'école **toute** la journée   하루 내내 학교에 있습니다

Je vais être à la maison **toute** la soirée   저녁 내내 집에 있을 것입니다

Tous les jours   모든 날들 / 매일   **Tous** les appartements   모든 아파트

Tous les jours, je vais au café   매일 카페에 갑니다

Tous les appartements sont confortables   모든 아파트는 편안합니다

Toutes les maisons   모든 집들   **Toutes** les voitures   모든 차들

Toutes les maisons sont belles   모든 집들은 아름답습니다

Je veux **toutes** les voitures   나는 모든 차들을 원합니다

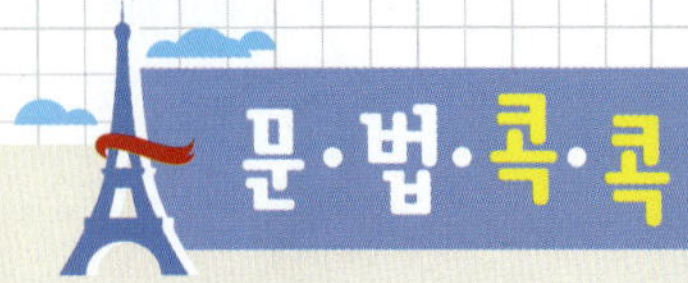

04 Il y a beaucoup de voitures.

자동차들이 많다.

MP3 14_04

영어의 There is / There are에 해당되는 Il y a를 사용하고 그 뒤에는 'beaucoup de + 무관사 명사'를 사용해서 '많은 ~'라는 표현을 할 수 있습니다.

● beaucoup de + 무관사 명사 (많은~)

Beaucoup de voitures   많은 자동차들

Beaucoup de maisons   많은 집들

Beaucoup d'appartements   많은 아파트들

Beaucoup de monde   많은 사람들

Il y a **beaucoup d'**appartements dans cette ville   이 도시에는 많은 아파트들이 있네요

Il n'y a pas **beaucoup de** monde à l'école   학교에 많은 사람들이 있지 않네요

*trop de + 무관사 명사'는 '너무 많은 ~'가 됩니다.

Trop de voitures   너무 많은 자동차들

Trop de maisons   너무 많은 집들

Trop d'appartements   너무 많은 아파트들

Trop de monde   너무 많은 사람들

Il y a **trop d'**appartements à Séoul   서울에는 너무 많은 아파트가 있습니다

Il y a **trop de** monde ce soir   오늘 저녁에 너무 많은 사람들이 있네요

05　Regardez !

보세요!

MP3 14_05

명령법은 명령(ordre), 차단(interdiction), 부탁(demande), 조언(conseil), 지시(consigne) 할 때 사용됩니다. 명령법은 1인칭 복수(nous)와 2인칭(tu, vous)에만 있습니다.

> 1군 동사 Regarder 동사를 보면 현재형으로 변화시키고 주어만 빼면 명령법이 됩니다.
> Vous regardez는 '당신은 본다'라는 뜻이지요. 명령법은 ~~vous~~ Regardez '보세요'가 됩니다.
> Nous regardons → Regardons
>
> 1군 동사의 경우 2인칭 단수 (Tu)일 때에는 동사의 끝에 오는 s 없이 씁니다.
> Tu regardes → Regarde
>
> 2군, 3군 동사는 그대로 둡니다.
> Tu viens → Viens

● 주어를 생략하면 명령문이 됩니다.

Regarde 봐	Ecoute 들어봐	Entre 들어와
Essaie 해봐	Parle 말해봐	Prends 가져
Fais 해	Va 가	Viens 와
Attends 기다려	Passe 지나가	Rentre 들어가
Regardez 보세요	Ecoutez 들어보세요	Entrez 들어오세요
Essayez 시도해 보세요	Parlez 말해보세요	Prenez 가지세요
Faîtes 해보세요	Allez 가보세요	Venez 오세요
Attendez 기다리세요	Passez 지나가세요	Rentrez 들어가세요

▶ 대화를 듣고 큰 소리로 따라해 보세요! 🎧 MP3 04_06

A Il y a beaucoup de cafés à Séoul.

B Oui, tous les jours, je vais au café.

A Je suis heureuse d'habiter à Séoul.

B Allons au café demain.

해석

A 서울에는 많은 카페들이 있네요.

B 맞아요. 저는 매일 카페에 갑니다.

A 서울에 살아서 행복합니다.

B 내일 같이 카페에 갑시다.

 단어정리

Beaucoup de ～많은 ～ | Tous les jours 매일 | demain 내일

01

🎧 MP3 14_07_01

Je fais du sport **tout le week-end.**

주말 내내 운동을 합니다.

> **toute la journée** 하루 내내
> **toute la soirée** 저녁 내내
> **tous les jours** 매일

02

🎧 MP3 14_07_02

Tu **m'appelles.**

너는 나를 부른다.

> **me rencontres** 나를 만난다
> **nous aimes** 우리를 좋아한다
> **les appelles** 그들을(그녀들을) 부른다

문·제·척·척

1 Tout를 알맞게 넣어 보세요.

.... le monde   .... la soirée   .... les jours

.... les appartements   .... le week-end   .... les voitures

.... les maisons   .... la journée   .... les filles

.... les jours, je vais au café.   .... les appartements sont confortables.

Je fais du sport .... le week-end.   Je vais être à la maison .... la soirée.

.... le monde aime la musique.   .... les maisons sont belles.

Je veux .... les voitures.   Je suis à l'école .... la journée.

2 명령문으로 만들어 보세요.

Vous regardez →	Nous regardons →	Tu regardes → ....
Vous écoutez →	Nous écoutons →	Tu écoutes → ....
Vous entrez →	Nous entrons →	Tu entres → ....
Vous essayez →	Nous essayons →	Tu essaies → ....
Vous parlez →	Nous parlons →	Tu parles → ....
Vous prenez →	Nous prenons →	Tu prends → ....
Vous faites →	Nous faisons →	Tu fais → ....
Vous allez →	Nous allons →	Tu vas → ....
Vous venez →	Nous venons →	Tu viens → ....
Vous attendez →	Nous attendons →	Tu attends → ....
Vous passez →	Nous passons →	Tu passes → ....
Vous rentrez →	Nous rentrons →	Tu rentres → ....

무료 MP3 바로 듣기

중요 포인트

오다 Venir, 알다 Savoir, 해야 한다 Devoir 동사
조동사 Les semi-auxiliaires
일주일 La semaine
보다 Le verbe ≪voir≫
'아무것도' 표현 'ne ~ rien'

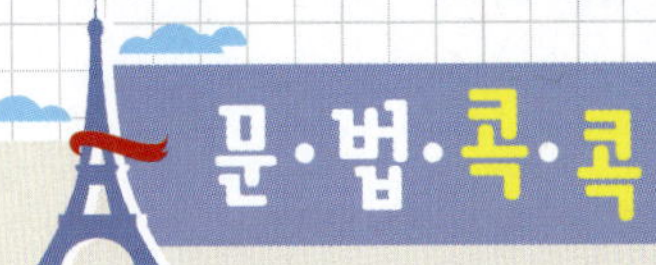

01 Je viens de Corée.

MP3 15_01_01

나는 한국에서 왔다.

'오다'라는 표현을 하려면 venir동사를 알아야 합니다. 영어의 come이라고 보시면 됩니다.

'~에서 오다'라는 표현을 하려면 venir동사 뒤에 de를 추가해야 합니다.

de 다음에

– 도시이름이 올 때에는 관사가 없습니다.

– 남성나라가 오면 du로 바꾸어줍니다.

– 여성나라가 오면 de la 가 아닌 de만 쓴다는 특징이 있습니다.

– 복수나라의 경우 des로 바꾸어 줍니다.

Je viens de Séoul.   나는 서울에서 왔다.

Je viens de France.   나는 프랑스에서 왔다.

Je viens du Portugal.   나는 포르투갈에서 왔다.

Je viens des Etats–Unis.   나는 미국에서 왔다.

Venir 동사 변화   MP3 15_01_02

Je viens	나는 온다	**Nous venons**	우리는 온다
Tu viens	너는 온다	**Vous venez**	당신은 온다
Il/Elle vient	그, 그녀는 온다	**Ils/Elles viennent**	그들, 그녀들은 온다

~에서 왔다 (venir de ~)

Je viens de Londres   런던에서 왔습니다

Je viens du Japon   일본에서 왔습니다

Je viens d'Italie   이탈리아에서 왔습니다

02 J'habite à Séoul.

MP3 15_02

서울에 삽니다.

일반적으로 '~에'라는 표현을 하려면 쓰이는 전치사들이 있습니다.

> 도시 앞에는 à, 남성명사 나라 앞에는 au, 여성명사 나라 앞에는 en, 복수명사 나라 앞에는 aux를 씁니다.
>
> Je vais à Paris. 나는 빠리에 간다.
> Je vais au Japon. 나는 일본에 간다.
> Je vais en Corée. 나는 한국에 간다.
> Je vais aux Pays-Bas. 나는 네덜란드에 간다.

● 전치사 à / au / en / aux

J'habite à Séoul　서울에 삽니다

Je vais à Paris　파리에 갑니다

J'habite à Londres　런던에 삽니다

Je vais en Corée du Sud　한국에 갑니다

J'habite en France　프랑스에 삽니다

Je vais au Japon　일본에 갑니다

J'habite au Portugal　포르투갈에 삽니다

Je vais au Brésil　브라질에 갑니다

J'habite en Angleterre　영국에 삽니다

Je vais en Italie　이탈리아에 갑니다

J'habite aux Etats-Unis　미국에 삽니다

03 Je ne sais pas.

MP3 15_03_01

몰라요.

영어의 **know**에 해당되는 savoir 동사를 배워 봅시다.

여기서 ne ⋯ pas를 사용한 부정문이 되면 '모른다'라는 뜻이 됩니다.

● Savoir 동사 변화   MP3 15_03_02

Je sais	나는 안다	Nous savons	우리는 안다
Tu sais	너는 안다	Vous savez	당신은 안다
Il/Elle sait	그, 그녀는 안다	Ils/Elles savent	그들, 그녀들은 안다

● Savoir 동사 부정문

Je ne sais pas   나는 모릅니다

Tu ne sais pas   너는 모릅니다

Il/Elle ne sait pas   그, 그녀는 모릅니다

Nous ne savons pas   우리는 모릅니다

Vous ne savez pas   당신은 모릅니다

Ils/Elles ne savent pas   그들, 그녀들은 모릅니다

04 Je dois aller à l'école.

저는 학교에 가야 합니다.

MP3 15_04_01

영어의 must에 해당되는 devoir 동사를 배워 봅시다.

Devoir 동사 변화 MP3 15_04_02

Je dois ~	나는 ~ 해야 한다	Nous devons ~	우리는 ~ 해야 한다
Tu dois ~	너는 ~ 해야 한다	Vous devez ~	당신은 ~ 해야 한다
Il/Elle doit ~	그, 그녀는 ~ 해야 한다	Ils/Elles doivent ~	그들, 그녀들은 ~ 해야 한다

Devoir 동사 부정문

Je ne dois pas aller à l'école　나는 학교에 가지 말아야 합니다

Tu ne dois pas aller à l'école　너는 학교에 가지 말아야 합니다

Il/Elle ne doit pas parler coréen　그, 그녀는 한국말을 하지 말아야 합니다

Nous ne devons pas parler coréen　우리는 한국말을 하지 말아야 합니다

Vous ne devez pas regarder la télévision　당신은 TV를 보지 말아야 합니다

Ils/Elles ne doivent pas regarder la télévision　그들, 그녀들은 TV를 보지 말아야 합니다

05 Je **sais** parler français.

프랑스어를 할 줄 안다.

MP3 15_05

동사들을 조동사로 이용해서 다양한 표현들을 할 수 있습니다.

조동사 뒤에는 꼭 동사원형이 옵니다.

● 조동사 표현 예문

J'aime parler français   프랑스어 하는 것을 좋아합니다

Je veux parler français   프랑스어를 하고 싶습니다

Je peux parler français   프랑스어를 할 수 있습니다

Je dois parler français   프랑스어를 해야 합니다

Je sais parler français   프랑스어를 할 줄 압니다

Je vais parler français   프랑스어를 할 것입니다

J'aime regarder la télévision   텔레비전 보는 것을 좋아해요

Je veux regarder la télévision   텔레비전을 보고 싶어요

Je peux regarder la télévision   텔레비전을 볼 수 있어요

Je dois regarder la télévision   텔레비전을 봐야 해요

Je vais regarder la télévision   텔레비전을 볼 거예요

06 Lundi, je vais à l'école.

월요일에는 학교에 간다.

요일을 배워 봅시다.

La semaine 일주일 MP3 15_06_02

Lundi 월요일   **Mardi** 화요일   **Mercredi** 수요일

Jeudi 목요일   **Vendredi** 금요일   **Samedi** 토요일   **Dimanche** 일요일

요일 관련 예문

Lundi, je vais à l'école   월요일은 학교에 갑니다

Mardi, je vais au bureau   화요일은 사무실에 갑니다

Mercredi, je fais mes devoirs   수요일은 숙제를 합니다

Jeudi, je fais la cuisine   목요일은 요리를 합니다

Vendredi, je fais du sport   금요일은 운동을 합니다

Samedi, je fais du shopping   토요일은 쇼핑을 합니다

Dimanche, je me repose   일요일은 쉽니다

07 Je vois la mer.

MP3 15_07_01

바다가 보인다.

영어의 see에 해당되는 voir 동사를 배워 봅시다. MP3 15_07_02

Je vois	나는 봅니다	Nous voyons	우리는 봅니다
Tu vois	너는 봅니다	Vous voyez	당신은 봅니다
Il/Elle voit	그, 그녀는 봅니다	Ils/Elles voient	그들, 그녀들은 봅니다

voir는 '보이다' 즉 영어의 see에 해당되고, 1군동사 regarder는 '보다' 즉 영어의 look에 해당됩니다.

• voir, regarder 예문

Je vois la mer   나는 바다를 봅니다

Je regarde la mer   나는 바다를 바라봅니다

Je ne vois pas   나는 보이지 않습니다

Je ne regarde pas   나는 쳐다보지 않습니다

Je vais voir un ami   친구를 보러 갑니다

On se voit devant le cinéma   영화관 앞에서 보자

*se voir 이렇게 대명동사로 쓰이면 '만나다'라는 뜻이 됩니다.

08 | Je ne sais rien.

MP3 15_08

나는 아무것도 모른다.

ne … pas에서 pas 대신 rien을 쓰면 '아무것도'라는 뜻이 됩니다.

Je ne sais pas.   나는 모른다.

Je ne sais rien.   나는 아무것도 모른다.

● ne … rien 관련 예문

Je ne fais rien   나는 아무것도 안 합니다

Je ne mange rien   아무것도 먹지 않습니다

Je n'aime rien   아무것도 좋아하지 않습니다

Je ne veux rien   아무것도 원하지 않습니다

Je ne sais rien   아무것도 모릅니다

Je n'ai rien   아무것도 없습니다

Je ne suis rien   나는 아무것도 아닙니다

Je ne vois rien   아무것도 보이지 않습니다

A Il habite à Londres. Il vient d'Angleterre.

B Elle vient de Séoul. Elle va à Paris.

A Je ne sais pas parler coréen.

B Mais, nous pouvons parler français.

해석

A 그는 런던에 삽니다. 그는 영국에서 왔습니다.

B 그녀는 서울에서 왔습니다. 그녀는 파리로 갑니다.

A 저는 한국어를 할 줄 모릅니다.

B 하지만, 우리는 프랑스어를 할 수 있어요.

 단어정리

habiter 살다 | venir de ~에서 오다 | savoir ~할 줄 안다 | Mais 하지만 | pouvoir ~할 수 있다

01

🎧 MP3 15_10_01

Mercredi, je fais **mes devoirs.**

수요일은 숙제를 합니다.

Jeudi	목요일은	**du sport**	운동을 한다
Vendredi	금요일은	**du shopping**	쇼핑을 한다
Samedi	토요일은	**la cuisine**	요리를 한다

02

🎧 MP3 15_10_02

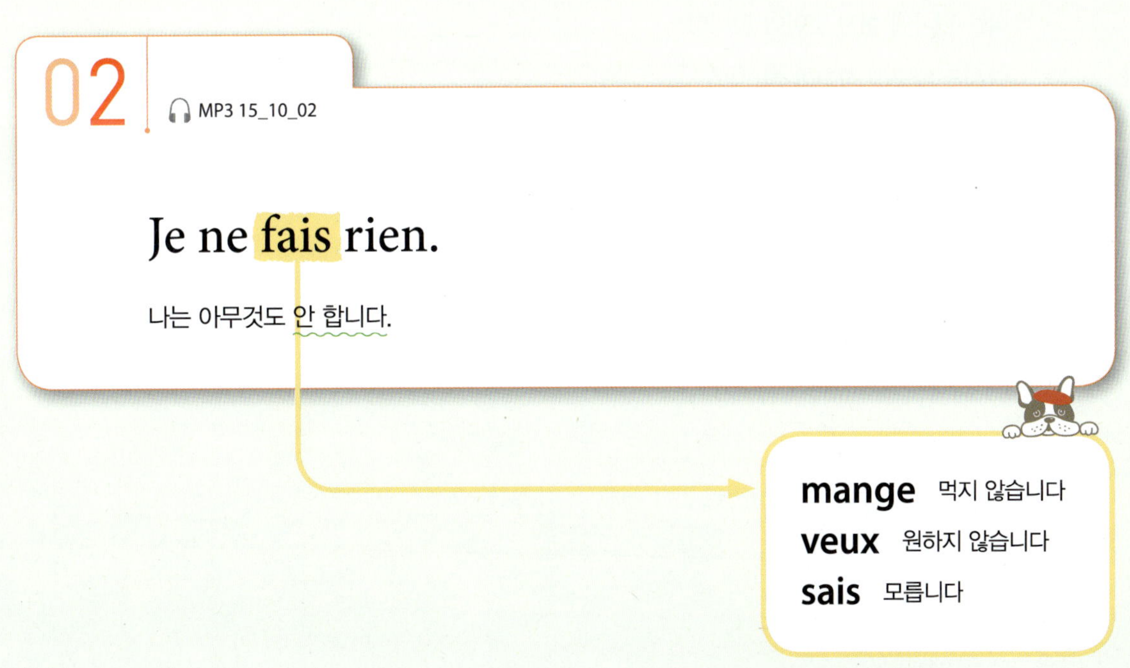

Je ne fais rien.

나는 아무것도 안 합니다.

mange	먹지 않습니다
veux	원하지 않습니다
sais	모릅니다

1 **프랑스어로 번역해 보세요.**

나는 서울에 간다. → ....

나는 서울에서 산다. → ....

나는 서울에서 왔다. → ....

나는 서울을 좋아한다. → ....

서울은 매우 크다. → ....

2 **프랑스어로 번역해 보세요.**

나는 한국에 살 수 있다. → ....

나는 한국에 살 수 없다. → ....

당신은 한국에 살 수 있습니까? → ....

나는 한국에 살아야 합니다. → ....

나는 한국에 살지 말아야 합니다. → ....

당신은 한국에 살아야 합니까? → ....

나는 한국에 살 것입니다. → ....

나는 한국에 살지 않을 것입니다. → ....

당신은 한국에 살 것입니까? → ....

3 프랑스어로 번역해 보세요.

월요일	__________	화요일	__________
수요일	__________	목요일	__________
금요일	__________	토요일	__________
일요일	__________	일주일	__________

월요일은 회사에 간다. → __________

화요일은 운동을 한다. → __________

수요일은 **Marie**와 레스토랑에 간다. → __________

목요일은 **Laurent**과 요리를 한다. → __________

금요일은 쇼핑을 한다. → __________

토요일은 쉰다. → __________

일요일은 교회에 간다. → __________

당신은 바다가 보이십니까? → __________

네, 바다가 보입니다. → __________

아니요, 바다가 보이지 않습니다. → __________

당신은 아무것도 하지 않습니까? → __________

나는 아무것도 원하지 않습니다. → __________

우리는 아무것도 가진 것이 없습니다. → __________

그들은 아무도 아닙니다. → __________

Les musées d'art de Paris

1. 루브르 박물관 (Musée du Louvre)

세계 3대 박물관 중 하나이며, 한 해 동안 세계에서 가장 많은 사람들이 방문하는 미술관이다. (2016년 연중 관람 인원이 약 7백 3십만 명으로 집계됨) 박물관의 넓이는 약 72,735 평방미터, 소장품 수는 38만 점 이상, 하루 평균 방문자는 약 15,000명이며 세계문화유산으로 등재되어 있다.

2. 오르세 박물관 (Musée d'Orsay)

기차역과 호텔로 호황을 누리던 기차 역사를 1986년 1월에 미술관으로 리모델링하여 개관하였다. 1870년 이전의 인상파 작품과 사실주의 화가인 밀레, 쿠르베, 고전주의 화가인 앵그르 등의 작품이 있다. 밀레의 '이삭줍기', 마네의 '피리부는 소년', 앵그르의 '샘' 등의 작품이 전시되어 있다.

3. 퐁피두 센터 (Centre Pompidou)

파리 중심가 4구에 위치한 퐁피두 센터는 컬러풀한 철골을 그대로 드러낸 파격적인 형태로 지어진 미술관으로 개관 당시 현대 건축의 패러다임을 바꾸었다는 평판을 받았다.
1969년 당시 대통령인 퐁피두가 파리 중심부 재개발 계획으로 1977년 완성되어 이름 또한 퐁피두로 지어졌다. 회화, 사진, 조각, 영화, 뉴미디어, 건축, 디자인 등 다양한 장르와 피카소, 마티스, 미로, 레제, 자코메티, 칸딘스키 등의 대작들이 전시되어 있다.

16

Le loisir
취미

무료 MP3 바로 듣기

중요 포인트

취미에 대해 말하기 Parler des loisirs
절대로, 결코 'ne ~ jamais'
매일 Tous les jours, 자주 Souvent…
의문형용사 L'adjectif interrogatif

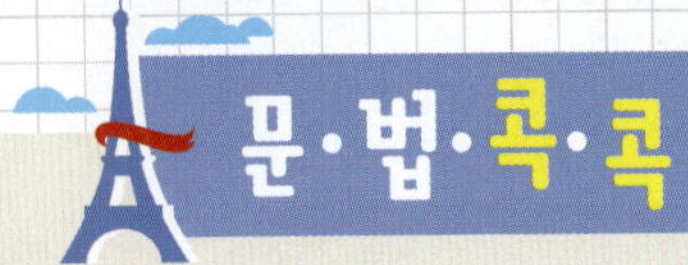

01 J'adore la lecture.

MP3 16_01_01

독서를 아주 좋아해.

Aimer 동사를 사용해서 좋아하는 것을 말할 수 있습니다. Adorer 동사는 '많이 좋아한다'라는 뜻이 되지요.

다양한 취미들 MP3 16_01_02

La musique 음악	**La lecture** 독서	**La photographie** 사진
La peinture 그림	**Le cinéma** 영화	**La télévision** 텔레비전
Le théâtre 극장	**L'opéra** 오페라	**La promenade** 산책
La randonnée 등산	**Le sport** 운동	**La natation** 수영
Les bandes dessinés 만화책	**Les dessins animés** 만화	**L'internet** 인터넷
L'informatique 컴퓨터	**Les jeux vidéos** 게임	**L'automobile** 자동차
La moto 바이크	**Le vélo** 자전거	**Le roller** 인라인스케이트
Le ski 스키	**Le snowboard** 스노우보드	**Le voyage** 여행
Le jardinage 정원관리	**Le bricolage** 공작	**Le shopping** 쇼핑

J'aime bien **la lecture** 독서를 좋아합니다

J'aime beaucoup **le jardinage** 정원 관리를 좋아합니다

J'adore **la photographie** 사진 찍기를 좋아합니다

J'adore **la peinture** 그림을 좋아합니다

Je n'aime pas beaucoup **le cinéma** 영화를 별로 좋아하지 않아요

Je n'aime pas **la télévision** 텔레비전을 좋아하지 않아요

02 — Ma passion, c'est la lecture.

나의 취미는 독서야.

MP3 16_02

● **취미에 관련된 문장들은 Quel (의문형용사)를 이용해서 질문합니다.**

Quels sont vos loisirs?　취미가 어떻게 되십니까?

Quels sont tes loisirs?　취미가 뭐니?

● **취미 말하기**

Quels sont vos loisirs ?　취미가 어떻게 되십니까? / Quels sont tes loisirs ?　취미가 뭐니?

Ma passion, c'est **la lecture**　독서를 좋아합니다

Ma passion, c'est **le jardinage**　정원 관리를 좋아합니다

Ma passion, c'est **la photographie**　사진 찍기를 좋아합니다

Ma passion, c'est **la peinture**　그림을 좋아합니다

Ma passion, c'est **le cinéma**　영화를 좋아합니다

Ma passion, c'est **la télévision**　텔레비전을 좋아합니다

03

MP3 16_03

Je **ne** mange **jamais** de viande.

나는 절대로 고기를 먹지 않는다.

ne … pas에서 pas 대신 jamais을 쓰면 '절대로'라는 뜻이 됩니다.

Je **ne** mange **pas** de viande.   나는 고기를 먹지 않는다.

Je **ne** mange **jamais** de viande.   나는 절대로 고기를 먹지 않는다.

> 여기서 de가 쓰인 이유가 무엇일까요? 한가지 중요한 규칙이 있기 때문입니다.
> 1. être 동사가 아닌 문장에서,
> 2. 부정문인 경우,
> 3. un, une, des 뿐만이 아니라 du, de la, des 대신 de를 쓴다는 규칙 때문입니다.

● ne … jamais 예문

Je joue au foot   나는 축구를 한다

Je **ne** joue **pas** au foot   나는 축구를 하지 않습니다

Je **ne** joue **jamais** au foot   나는 축구를 절대로 하지 않습니다

Je travaille   일을 합니다

Je **ne** travaille **pas**   일을 하지 않습니다

Je **ne** travaille **jamais**   절대로 일을 하지 않습니다

Je prends du café   커피를 마십니다

Je **ne** prends **pas** de café   커피를 마시지 않습니다

Je **ne** prends **jamais** de café   커피를 절대로 마시지 않습니다

04 Je fais souvent du sport.

나는 운동을 자주 한다.

MP3 16_04

Faire du sport가 '운동을 한다'라는 뜻이지요. 여기에 souvent을 사용해서 '자주'라는 표현을
할 수 있습니다. 이 표현의 경우 동사 바로 뒤에 souvent을 넣는다는 점 기억해 주세요.

매일 Tous les jours / 자주 souvent / 가끔 de temps en temps / 절대로 jamais

*Jouer à ~는 놀다 영어의 play ~, Aller à ~는 가다 영어의 go to 라고 생각하세요.

Je fais du sport   운동을 합니다

Je fais du sport tous les jours   매일 운동을 합니다

Je fais souvent du sport   자주 운동을 합니다

Je fais du sport de temps en temps   가끔 운동을 합니다

Je ne fais jamais de sport   절대로 운동을 하지 않습니다

Je joue au tennis   테니스를 칩니다

Je joue au tennis tous les jours   매일 테니스를 칩니다

Je joue souvent au tennis   자주 테니스를 칩니다

Je joue au tennis de temps en temps   가끔 테니스를 칩니다

Je ne joue jamais au tennis   절대로 테니스를 치지 않습니다

Je vais au cinéma   영화관에 갑니다

Je vais au cinéma tous les jours   매일 영화관에 갑니다

Je vais souvent au cinéma   자주 영화관에 갑니다

Je vais au cinéma de temps en temps   가끔 영화관에 갑니다

Je ne vais jamais au cinéma   절대로 영화관에 가지 않습니다

05 Quels sont vos loisirs ?

MP3 16_05_01

취미가 어떻게 되세요?

나이를 물어볼 때에는 **Quel âge**(어떤 나이) 표현을 사용했었지요. Quel은 '무엇', '어떤'이라는 뜻의 의문형용사이며 그 뒤에 오는 명사의 성과 수에 맞추어야 한다고 배웠습니다.

남성형단수	quel	여성형단수	quelle
남성형복수	quels	여성형복수	quelles

MP3 16_05_02

quel + être 동사

Quel est votre numéro de téléphone ?   전화번호가 어떻게 되세요?

Quel est le sac de Julie ?   어떤 가방이 쥴리의 가방이에요?

Quelle est la voiture de Marc ?   어떤 차가 마크의 자동차예요?

Quelle est votre adresse email ?   이메일 주소가 어떻게 되세요?

Quels sont les livres de Sophie ?   어떤 책들이 소피의 책들입니까?

Quelles sont les clés de la maison ?   어떤 열쇠들이 그 집의 열쇠들입니까?

다양한 quel을 이용한 질문들

*être동사가 아닌 다른 동사와 사용이 될 때에는 quel 뒤에 명사가 바로 옵니다

Quel sac prends-tu ?   어떤 가방으로 가질래?

Quelle table voulez-vous ?   어떤 테이블을 원하십니까?

Quelle voiture aimez-vous ?   어떤 차들을 좋아하세요?

Quels livres lisez-vous ?   어떤 책들을 읽으세요?

Quelles langues parlez-vous ?   어떤 언어를 구사하세요?

Quelles tables voulez-vous ?   어떤 테이블들을 원하십니까?

06 | Qu'est-ce que vous faites ?

무엇을 하세요?

MP3 16_06

의문사 que 그리고 그 뒤에 질문할 때에 사용되는 est-ce que를 합칩니다. 그럼 Qu'est-ce que 가 되지요. 여기에 faire(하다) 동사를 사용하면 '무엇을 하세요?' 또는 '어떤 직업을 하세요?'라 는 의미로 물어볼 수 있습니다. 또는 도치를 하는 방법으로 질문을 할 수도 있지요. 이때는 '의 문사+동사+주어'의 어순으로 질문합니다.

🔴 의문사 que와 다양한 동사들을 사용해서 질문을 만들어 봅시다.

Qu'est-ce que vous faites ? / **Que** faites–vous ?   무엇을 하세요?

Qu'est-ce que vous mangez ? / **Que** mangez–vous ?   무엇을 드세요?

Qu'est-ce que vous voulez ? / **Que** voulez–vous ?   무엇을 원하세요?

Qu'est-ce que vous prenez ? / **Que** prenez–vous ?   무엇으로 하시겠어요?

Qu'est-ce que vous regardez ? / **Que** regardez–vous ?   무엇을 보세요?

Qu'est-ce que vous aimez ? / **Qu'**aimez–vous ?   무엇을 좋아하세요?

Qu'est-ce qu'il y a ? / **Qu'**y a–t–il ?   무엇이 있어요? / 무슨 일이에요?

Qu'est-ce que c'est ?   이것이 무엇입니까?

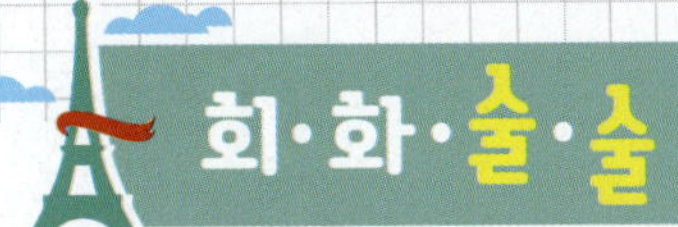

A   Quels sont vos loisirs ?

B   J'aime bien la lecture.

A   Quels livres lisez-vous ?

B   J'aime beaucoup les romans.
Je lis souvent les livres et je fais du sport tous les jours.

A   J'aime aussi les romans et je fais du sport de temps en temps.

해석

A 취미가 어떻게 되십니까?

B 독서를 좋아합니다.

A 어떤 책들을 읽으세요?

B 저는 소설을 매우 좋아합니다.

    책을 자주 읽고 매일 운동을 합니다.

A 저도 소설을 좋아하고 가끔 운동을 합니다.

 단어정리

loisirs 취미 | lecture 도서 | livres 책 | lire 읽다 | roman 소설책 | beaucoup 많이, 매우 | souvent 자주 |
tous les jours 매일 | aussi ~도, 역시 | de temps en temps 가끔

01

🎧 MP3 16_08_01

Je ne **mange** jamais **de viande.**

고기를 절대로 먹지 않습니다.

prends 마시지	**de café** 커피를
regarde 보지	**la télévision** 텔레비전을
prends 타지	**de voiture** 차를

02

🎧 MP3 16_08_02

Qu'est-ce que vous **faites** ?

무엇을 하세요?

prenez 드시겠어요?
regardez 보세요?
aimez 좋아하세요?

1 다음의 문장을 4가지의 뉘앙스로 바꾸어 보세요.

Il fait ses devoirs. → .... (매일)

→ .... (자주)

→ .... (가끔)

→ .... (절대로)

Vous faites du roller ? → .... (매일)

→ .... (자주)

→ .... (가끔)

→ .... (절대로)

Elle travaille. → .... (매일)

→ .... (자주)

→ .... (가끔)

→ .... (절대로)

2 의문형용사 Quel을 알맞은 형태로 넣어 보세요.

.... pizza prenez-vous ?

.... café désirez-vous ?

.... stylos veux-tu ?

.... est votre numéro de téléphone ?

.... sont les clés de la maison ?

.... sac prends-tu ?

.... tables voulez-vous ?

.... table voulez-vous ?

.... sont vos loisirs ?

.... âge avez-vous ?

.... langues parlez-vous ?

.... est le sac de Julie ?

.... sont vos voitures ?

.... est la voiture de Marc ?

.... voiture aimez-vous ?

.... est votre adresse email ?

.... livres lisez-vous ?

.... sont les livres de Sophie ?

3 다음의 질문들을 est-ce que를 이용한 질문과 도치를 이용한 질문으로 만들어 보세요.

당신은 무엇을 하고 있습니까? → ....

→ ....

너는 무엇을 먹고 있어? → ....

→ ....

그는 무엇을 원합니까? → ....

→ ....

그녀는 무엇을 보고 있습니까? → ....

→ ....

우리는 무엇을 좋아합니까? → ....

→ ....

너희들은 무엇을 하고 싶니? → ....

→ ....

그들은 무엇을 해야 합니까? → ....

→ ....

4 다음의 질문에 답해 보세요.

Est-ce que vous aimez le sport ? → Oui, ...

→ Non, ...

Aimez-vous le bricolage ? → Oui, ...

→ Non, ...

Est-ce que tu aimes les voyages ? → Oui, ...

→ Non, ...

Est-ce qu'elle aime la lecture ? → Oui, ...

→ Non, ...

Est-ce qu'il aime la musique ? → Oui, ...

→ Non, ...

Pourquoi les français conduisent de petites voitures ?

내가 어려서 프랑스에 왔을 때 가장 생소했던 것이 프랑스에 유난히 작은 자동차가 많다는 것이었다. 당시 어린 나이었지만 한국에서 큰 자동차를 자랑하던 문화를 겪고 왔었기 때문에 프랑스의 작은 자동차 문화는 참 낯설고 이해가 되지 않았다.

1789년 7월 14일부터 약 5년 간에 걸쳐 프랑스에서는 시민혁명, 사상혁명이라 일컫는 시민폭동이 일어났다. 정치적으로 또 역사적으로는 평가가 복잡하고 쉽지 않은 설명이 필요하겠지만 중요한 것은 프랑스혁명이 돈이 많고 지위가 높은 힘 있는 자들이 가난하고 어려운 평민을 학대하는 행위에 대한 폭거였다는 것이다. 이 혁명으로 인하여 프랑스 왕인 루이 16세 (Louis XVI)와 마리 앙뚜아네트 (Marie Antoinette), 로베스피에르(Robespierre)까지 단두대에서 처형당하는 시민 혁명의 승리를 완성하게 되었다.

이 때문일까? 프랑스 사람들은 잘 나서질 않는다. 자기 있는 것을 내세우거나 자랑하지 않는다. 또 남의 눈에 띄는 것을 싫어한다. 이러한 역사적 사실이 겸손한 프랑스를 만들어냈다는 것을 알고는 나도 파리에서는 작은 자동차를 타는데 가장 큰 이유는 작은 차들이 도시에서 편리하기 때문이다.

17

Les vacances
휴가

무료 MP3 바로 듣기

중요 포인트

떠나다 Le verbe ≪partir≫
어디 'Où'
～을 위해 'pour ~'
계절 La saison
알다 Le verbe ≪connaître≫
더 이상 'ne ~ plus'
아프다 Avoir mal

01 | Je pars en France.

MP3 17_01_01

프랑스로 떠납니다.

영어의 leave에 해당되는 partir 동사를 배워 봅시다.

Je pars	나는 떠난다	Nous partons	우리는 떠난다
Tu pars	너는 떠난다	Vous partez	당신은 떠난다
Il/Elle part	그,그녀는 떠난다	Ils/Elles partent	그들, 그녀들은 떠난다

Aller 동사와 같이 partir 동사도 '~로'라는 표현을 하려면 도시의 경우 à ~를 사용합니다.

	남성명사	여성명사	복수명사
나라	au	en	aux
일반명사	au	à la	aux

MP3 17_01_02

patir + à 표현 예문

Je pars **à Paris** 파리로 떠납니다

Je pars **en France** 프랑스로 떠납니다

Je pars **au Japon** 일본으로 갑니다

Je pars **aux Etats-Unis** 미국으로 갑니다

Je pars **à la mer** 바다로 갑니다

Je pars **à l'étranger** 해외로 갑니다

Je pars **chez Lora** 로라의 집으로 갑니다

Je pars **chez mes parents** 나의 부모님의 집으로 갑니다

*chez ~ 전치사를 사용해서 '~의 집'이라는 표현을 할 수 있습니다.

Je pars en vacances 휴가를 떠납니다

Je pars en vacances **à la campagne** 지방으로 휴가를 떠납니다

*être en vacances는 '휴가 중이다'라는 표현. (Vacances는 항상 복수로 사용)

02 | Où va-t-il ?

그는 어디에 가나요?

영어의 **where**에 해당되는 **où** 의문사로 더욱 다양한 문장들을 만들어 봅시다.

3인칭 단수형 il, elle을 도치할 때 발음을 위해 t를 넣어 주는 규칙이 있습니다.

~~Où va-il?~~ → Où va-**t**-il ?

● 의문사 où 표현 예문

Où est-ce que vous allez ? / **Où** allez-vous ?　어디로 가십니까?

Où est-ce qu'il va ? / **Où** va-t-il ?　그는 어디로 가나요?

Où est-ce qu'ils vont ? / **Où** vont-ils ?　그들은 어디로 가나요?

Où est-ce que vous partez ? / **Où** partez-vous ?　어디로 떠나시나요?

Où est-ce qu'elle part ? / **Où** part-elle ?　그녀는 어디로 떠나나요?

Où est-ce qu'elles partent ? / **Où** partent-elles ?　그녀들은 어디로 떠나나요?

Où est-ce que vous habitez ? / **Où** habitez-vous ?　어디에서 사십니까?

Où est-ce qu'il habite ? / **Où** habite-t-il ?　그는 어디에서 사나요?

Où est-ce qu'ils habitent ? / **Où** habitent-elles ?　그들은 어디에서 사나요?

Où est-ce que vous êtes ? / **Où** êtes-vous ?　어디에 계시나요?

Où est-ce qu'elle est ? / **Où** est-elle ?　그녀는 어디에 있나요?

Où est-ce qu'elles sont ? / **Où** sont-elles ?　그녀들은 어디에 있나요?

03

🎧 MP3 17_03_01

C'est pour toi.
C'est pour apprendre le français.

너를 위한 거야. 프랑스어를 배우기 위한 거야.

전치사 pour는 '~를 위해'라는 뜻으로, pour 다음에 강세형 인칭대명사가 올 수 있습니다.
프랑스어의 강세형 인칭대명사는 다음과 같습니다.

moi	나	nous	우리
toi	너	vous	당신, 당신들, 너희들
lui	그	eux	그들
elle	그녀	elles	그녀들

🎧 MP3 17_03_02

---

pour 다음에는 동사원형이 올 수도 있습니다.

pour manger   먹기 위해   pour apprendre   배우기 위해

pour 다음에 대명동사가 올 수도 있는데 그럴 때에는 주어에 맞춰서 재귀대명사를 써야 합니다.

se reposer   쉬다 → pour me reposer   내가 쉬기 위해

● pour 예문

C'est **pour vous**   당신을 위한 것입니다

Parlez français **pour moi**   나를 위해서 프랑스말을 하세요

Je pars à la montagne **pour faire du ski**   스키를 타기 위해 산으로 떠납니다

Je reste chez moi **pour regarder la télévision**   텔레비전을 보기 위해 집에 있습니다

Je vais à l'école **pour apprendre le français**   프랑스어를 배우기 위해 학교에 갑니다

Je suis chez moi **pour faire mes devoirs**   숙제를 하기 위해 집에 있습니다

Je vais au café **pour prendre le petit déjeuner**   아침식사를 하기 위해 카페에 갑니다

04

J'aime le printemps.
Au printemps, je me promène.

봄을 좋아해요. 봄에는 산책을 해요.

계절 La saison MP3 17_04_02

Le printemps 봄	L'été 여름	L'automne 가을	L'hiver 겨울

'~ 계절에는'이라는 표현을 하려면 au나 en을 사용합니다.

Au printemps	봄에는	En été	여름에는
En automne	가을에는	En hiver	겨울에는

Au printemps, je me promène   봄에는 산책을 합니다

En été, je pars en vacances à la mer   여름에는 바다로 휴가를 떠납니다

En automne, je reste souvent chez moi   가을에는 집에 자주 있습니다

En hiver, je pars à la montagne pour faire du ski   겨울에는 스키를 타러 산에 갑니다

'이번 ~계절은'이라는 표현을 하려면 영어처럼 지시형용사를 사용합니다.

Ce printemps	이번 봄	Cet été	이번 여름
Cet automne	이번 가을	Cet hiver	이번 겨울

Ce printemps, je vais me promener   이번 봄에는 산책하러 갈 것입니다

Cet été, je vais partir à la mer   이번 여름에는 바다로 떠날 것입니다

Cet automne, je vais rester chez moi   이번 가을에는 집에 있을 것입니다

Cet hiver, je vais faire du snowboard   이번 겨울에는 스노우보드를 타러 갈 것입니다

05 | Je connais ce magasin.

이 가게를 안다.

MP3 17_05_01

영어의 know에 해당되는 connaître 동사를 배워 봅시다.

savoir 동사도 '알다'라는 뜻이라고 배웠지요? 그럼 차이점이 무엇일까요?

connaître 동사 뒤에는 명사가 오고, savoir 동사 뒤에는 동사원형이 온다는 차이가 있습니다.

Je connais cette langue   이 언어를 안다

Je sais parler français   프랑스어를 할 줄 안다

connaître 동사변화   MP3 17_05_02

Je connais	나는 안다	Nous connaissons	우리는 안다
Tu connais	너는 안다	Vous connaissez	당신은 안다
Il/Elle connaît	그, 그녀는 안다	Ils/Elles connaissent	그들, 그녀들은 안다

Connaître 동사 + 명사

Elle connaît bien **Paris**   그녀는 파리를 잘 압니다

Vous connaissez **cette école** ?   이 학교를 아십니까?

Elles ne connaissent pas **la cuisine coréenne**   그녀들은 한국음식을 모릅니다

Savoir 동사 + 동사원형

Tu sais **nager** ?   수영할 줄 아니?

Vous savez **faire** la cuisine ?   요리를 할 줄 아십니까?

Ils/Elles ne savent pas **faire**   그들/그녀들은 할 줄 모릅니다

06 Je ne sais plus.

MP3 17_06

나는 더 이상 모른다.

ne ~ pas에서 pas 대신 plus를 쓰면 '더 이상 아니다'라는 뜻이 됩니다.

Je ne sais pas　나는 모른다

Je ne sais plus　나는 더 이상 모른다

● ne ~ plus 예문

Je **n'**habite **plus** à Paris　파리에 더 이상 살지 않습니다

Tu **ne** parles **plus** coréen　너는 더 이상 한국말을 하지 않는다

Il **n'**aime **plus** la montagne　그는 더 이상 산을 좋아하지 않는다

Elle **ne** regarde **plus** la télévision　그녀는 더 이상 텔레비전을 보지 않습니다

Nous **ne** faisons **plus** de sport　우리는 더 이상 운동을 하지 않습니다

Vous **ne** mangez **plus**　당신은 더 이상 먹지 않네요

Ils **ne** travaillent **plus**　그들은 더 이상 일하지 않습니다

Elles **ne** veulent **plus** dîner dans ce restaurant

그녀들은 더 이상 이 레스토랑에서 저녁식사를 하고 싶어하지 않습니다

07 J'ai mal au ventre.

배가 아파요.

MP3 17_07_01

avoir mal à 표현으로 '~가 아프다'라는 표현을 할 수 있습니다.
몸에 관련된 어휘를 배워서 '~가 아프다'라고 말해 봅시다.

Le corps 몸   MP3 17_07_02

Le visage 얼굴 🎧 MP3 17_07_03

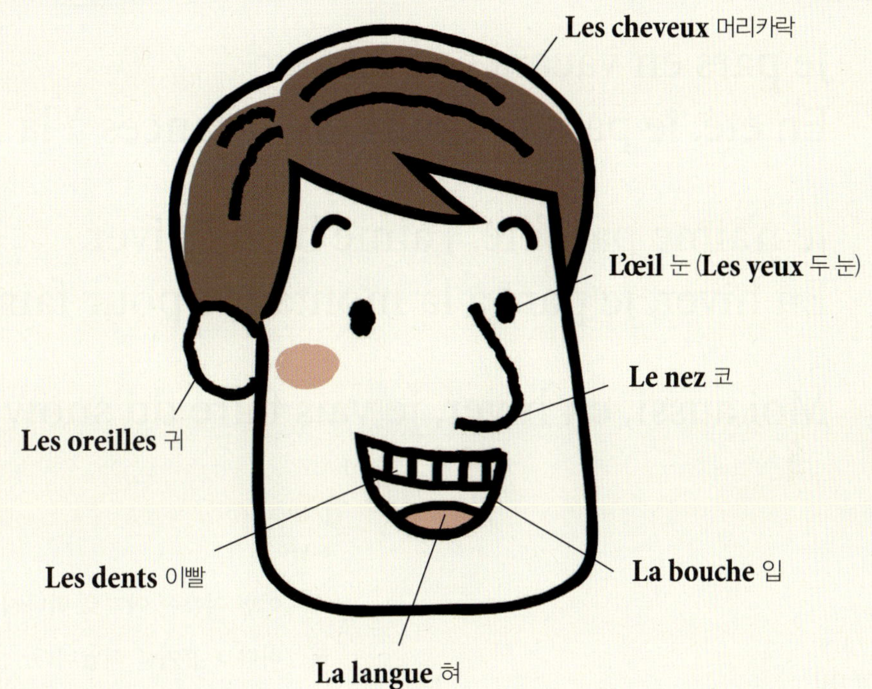

J'ai mal 아프다

J'ai mal **à la tête** 머리가 아프다

J'ai mal **au cou** 목이 아프다

J'ai mal **au dos** 등이 아프다

J'ai mal **aux bras** 팔이 아프다

J'ai mal **aux oreilles** 귀가 아프다

J'ai mal **à la poitrine** 가슴이 아프다

J'ai mal **à l'estomac** 위가 아프다

J'ai mal **à l'œil** 눈이 아프다

J'ai mal **au ventre** 배가 아프다

J'ai mal **au nez** 코가 아프다

J'ai mal **aux jambes** 다리가 아프다

J'ai mal **aux yeux** 두 눈이 아프다

J'ai mal **au cœur** 심장이 아프다

 참고

Je suis malade 병에 걸렸습니다
J'ai un rhume 감기에 걸렸습니다

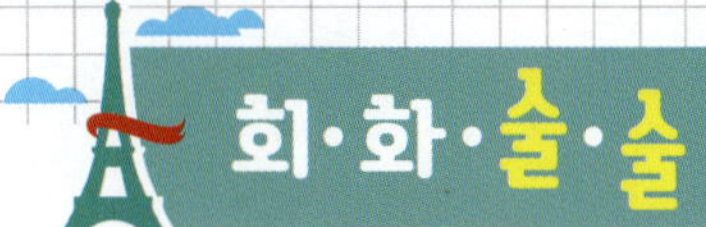

▶ 대화를 듣고 큰 소리로 따라해 보세요!

🎧 MP3 17_08

A Où est-ce que vous partez cet été ?

B Je pars en vacances à la mer.
En été, je pars toujours en vacances à la mer.

A Je n'aime pas l'été. J'aime bien l'hiver.
En hiver, je pars à la montagne pour faire du ski.

B Moi aussi, en hiver, je vais faire du snowboard.

해석

A 이번 여름에 어디로 떠나시나요?

B 바다로 휴가를 떠납니다.
여름에는 항상 바다로 휴가를 떠납니다.

A 저는 여름을 싫어하고 겨울을 좋아합니다.
겨울에는 스키를 타러 산에 갑니다.

B 저도 겨울에는 스노우보드를 타러 갈
것입니다.

 단어정리

été 여름 | campagne 지방, 시골 | mer 바다 | hiver 겨울 | ski 스키 | aussi ~도 | snowboard 스노우보드

01

🎧 MP3 17_09_01

Elle ne regarde plus.

그녀는 더 이상 쳐다보지 않습니다.

fait plus de sport 운동을 하지
mange plus 먹지
travaille plus 일하지

02

🎧 MP3 17_09_02

J'ai mal aux jambes.

다리가 아프다.

au ventre 배가
à la tête 머리가
aux yeux 두 눈이

1 partir 동사 변화를 해 보세요.

Je .... Nous ....

Tu .... Vous ....

Il .... Ils ....

Elle .... Elles ....

2 프랑스어로 번역해 보세요.

당신은 어디에 있습니까? → ....

우리는 스페인에 휴가 중입니다. → ....

Patrick은 어디에서 삽니까? → ....

그는 이탈리아에서 삽니다. → ....

그들은 어디에 있습니까? → ....

그녀들은 학교에 있습니다. → ....

3 Connaître 동사 변화를 해 보세요.

Je .... Nous ....

Tu .... Vous ....

Il .... Ils ....

Elle .... Elles ....

4 Connaître 동사 또는 savoir 동사로 채워 보세요.

Je ______ Olivier.　　　　　　　Elle ______ bien Paris.

Ils ne ______ pas faire.　　　　　Vous ______ faire la cuisine ?

Vous ______ cette école ?　　　　Tu ______ nager ?

Nous ______ la France.　　　　　Je ______ parler coréen.

Tu ______ Sandrine ?　　　　　　Elle ______ bien chanter.

Vous ______ Bi ?　　　　　　　　Nous ne ______ pas jouer au football.

5 프랑스어로 번역해 보세요.

이것은 너를 위한 거야.　　　　　　　　　　→ ______

이것은 **Amandine**을 위한 선물입니다.　　→ ______

나는 아침식사를 하기 위해 카페에 갑니다.　→ ______

나는 봄을 좋아합니다.　　　　　　　　　　→ ______

David는 여름을 좋아하지 않습니다.　　　→ ______

Olivier는 가을을 매우 좋아합니다.　　　　→ ______

나는 더 이상 프랑스에 살지 않습니다.　　　→ ______

너는 더 이상 운동을 하지 않니?　　　　　　→ ______

당신은 더 이상 영화를 좋아하지 않습니까?　→ ______

그들은 더 이상 텔레비전을 보지 않습니다.　→ ______

La vie étudiante

나는 프랑스에서 중학교 1학년부터 고등학교와 대학교의 학창 시절을 보냈다. 프랑스에서는 한국과 달리 등교 시간이 되면 교문 앞에서 문이 열리기를 기다린다. 한국처럼 남보다 먼저 등교해서 자습을 하는 일은 불가능하다. 교문이 열리면 기다리던 학생 모두가 일제히 교실로 향한다.
선생님도 아줌마, 아저씨 (Madame, Monsieur)라고 호칭을 한다. 친근감이 넘친다.
프랑스에서는 학생들에게 평등을 가르치고 공부를 잘하는 학생을 칭찬하는 것보다 모두의 인격, 실력을 존중해 주고 절대로 비교하지 않는다.

또한 한국은 입학 자격을 시험으로 평가하지만 프랑스는 졸업 자격으로 평가한다. 바깔로레아(Baccalauréat)는 고등학교 졸업 시험이자 대학 입학 자격을 얻는 시험이다. 바깔로레아는 암기식 문제가 아니라 깊이 생각하게 하는 논술형 문제들로 출제된다. 이렇게 자유를 억압하지 않는 프랑스의 교육을 경험해 보면 프랑스가 세계 최고의 교육 제도를 시행하고 있다고 말하는 이유를 충분히 공감하게 된다.

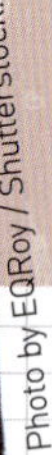

18

La journée
하루

무료 MP3 바로 듣기

중요 포인트

시간 L'heure
몇 시에 A quelle heure
늦게/시간에 맞게/일찍 En retard/A l'heure/En avance
날씨 Le climat
년/달/주/날 An/mois/semaine/jour

01

🎧
MP3 18_01

Quelle heure est-il ?   몇 시예요?

Il est sept heures cinq.   7시 5분 입니다.

시간을 말하려면 Il est ~ 표현을 씁니다. 'Il est 시 heure 분'이 되겠습니다.

'몇 시예요?'는 'Quelle heure est-il ?'라고 합니다.

'시간을 아세요?', '시계 있으세요?'에 해당되는 표현은 'Avez-vous l'heure ?'입니다.

Quelle heure est-il ?   몇 시입니까?

Avez-vous l'heure, s'il vous plaît ?   시계 있으세요?

(As-tu l'heure, s'il te plaît ?)   (시계 있니?)

● 시간을 말하는 방법

07:00   Il est sept **heures**

07:05   Il est sept **heures** cinq

07:30   Il est sept **heures** trente   (30분)

12:00   Il est douze **heures**   (열두 시)

12:00   Il est **midi**   (정오)

00:00   Il est **minuit**   (자정)

05:10   Il est cinq **heures** dix

17:13   Il est dix-sept **heures** treize

12:20   Il est **midi** vingt

02 Il est sept heures et demie.

MP3 18_02

7시 반(30분) 입니다.

30분은 et demie라고 할 수 있으며, 15분은 et quart, 45분은 moins le quart라고 할 수 있습니다.

Il est sept heures trente = Il est sept heures et demie   7시 반입니다.

Il est sept heures quinze = Il est sept heures et quart   7시 15분입니다.

Il est sept heures quarante cinq = Il est huit heures moins le quart   8시 15분 전입니다.

* 저녁 ~시라고 할 때에는 du soir를 붙입니다.   Il est 20 heures = Il est 8 heures du soir
* 오전 ~시라고 할 때에는 du matin를 붙입니다.   Il est 7 heures du matin
* 오후 ~시라고 할 때에는 de l'après-midi를 붙입니다.   Il est 2 heures de l'après–midi

다양한 시간 표현

07:30   Il est sept **heures** et demie

07:15   Il est sept **heures** quinze

　　　　Il est sept **heures** et quart

07:55   Il est sept **heures** cinquante cinq

　　　　Il est huit **heures** moins cinq

07:45   Il est sept **heures** quarante cinq

　　　　Il est huit **heures** moins le quart

19:40   Il est dix–neuf **heures** quarante

　　　　Il est sept **heures** quarante du soir

　　　　Il est vingt **heures** moins vingt

15:25	Il est quinze **heures** vingt-cinq
	Il est trois **heures** vingt-cinq de l'après-midi
09:45	Il est neuf **heures** quarante-cinq du matin
	Il est dix **heures** moins le quart
06:55	Il est six **heures** cinquante-cinq du matin
	Il est sept **heures** moins cinq
18:50	Il est dix-huit **heures** cinquante
	Il est six **heures** cinquante du soir
	Il est sept **heures** moins dix du soir
14:05	Il est quatorze **heures** cinq
	Il est deux **heures** cinq de l'après-midi
22:30	Il est vingt-deux **heures** et demie
	Il est dix **heures** et demie du soir

03

MP3 18_03

A quelle heure vas-tu à l'école ?

몇 시에 학교에 가니?

'몇 시에'라는 표현은 quelle heure 앞에 전치사 à를 넣어서 A quelle heure라고 합니다.

● A quelle heure ～ (몇 시에～)

A quelle heure vas-tu à l'université ?　몇 시에 대학교에 가니?

= **A quelle heure** est-ce que tu vas à l'université ?

= Tu vas **à quelle heure** à l'université ?

Je vais à l'université à 10 heures 20.　10시 20분에 대학교에 갑니다.

Je vais à l'université vers 3 heures 15.　3시 15분쯤에 대학교에 갑니다.

A quelle heure partez-vous au bureau ?　몇 시에 사무실에 갑니까?

= **A quelle heure** est-ce que vous partez ?

= Vous partez **à quelle heure** au bureau ?

Je pars au bureau à 7 heures.　7시에 사무실에 갑니다.

Je pars au bureau à 13 heures.　13시에 사무실에 갑니다.

Je pars au bureau vers 5 heures.　5시쯤에 사무실에 갑니다.

A quelle heure va-t-elle faire du sport ?　그녀는 몇 시에 운동을 하러 가나요?

= **A quelle heure** est-ce qu'elle va faire du sport ?

= Elle va faire du sport **à quelle heure** ?

Elle va faire du sport à 6 heures du matin.　아침 6시에 운동을 하러 갑니다.

Elle va faire du sport à 4 heures de l'après-midi.　오후 4시에 운동을 하러 갑니다.

04 Quand vas-tu à l'école ?

MP3 18_04

언제 학교에 가니?

의문사 quand은 영어의 when에 해당됩니다.

● quand~ (언제~)

Quand se voit-on ? 언제 만날까?

= **Quand** est-ce qu'on se voit ?

= On se voit **quand** ?

On se voit **à 2 heures de l'après-midi** 오후 2시에 만나자

On se voit **demain à 15 heures** 내일 15시에 만나자

On se voit **vers midi moins 10** 정오 10분 전쯤에 만나자

Quand pouvez-vous venir ? 언제 오실 수 있나요?

= **Quand** est-ce que vous pouvez venir ?

= Vous pouvez venir **quand** ?

Je peux venir **ce soir vers 22 heures** 오늘 저녁 22시쯤에 올 수 있어요

Je peux venir **vers minuit** 자정쯤에 올 수 있어요

Quand veux-tu prendre le petit déjeuner ? 언제 아침식사 할 수 있어?

= **Quand** est-ce que tu veux prendre le petit déjeuner ?

= Tu veux prendre **quand** le petit déjeuner ?

Je veux prendre le petit déjeuner **à 7 heures 30** 7시 30분에 아침식사 할 수 있어

Je veux prendre le petit déjeuner **vers 9 heures** 9시쯤에 아침식사 할 수 있어

<table>
<tr><td rowspan="3">**05**

🎧
MP3 18_05</td><td>**Je suis en retard.**</td><td>나는 늦었다.</td></tr>
<tr><td>**Tu es à l'heure.**</td><td>너는 시간에 맞게 왔다.</td></tr>
<tr><td>**Il est en avance.**</td><td>그는 일찍 왔다.</td></tr>
</table>

시간과 관련된 표현을 알아봅시다.

● être en retard 늦었다

Etes-vous **en retard** ?　늦으셨나요?

= Est-ce que vous êtes **en retard** ?

= Vous êtes **en retard** ?

Je suis **en retard**　늦었습니다

Je ne suis pas **en retard**　늦지 않았습니다

Allez-vous être **en retard** ?　늦으실 겁니까?

= Est-ce que vous allez être **en retard** ?

= Vous allez être **en retard** ?

Je vais être **en retard**　늦을 겁니다

Je ne vais pas être **en retard**　늦지 않을 것입니다

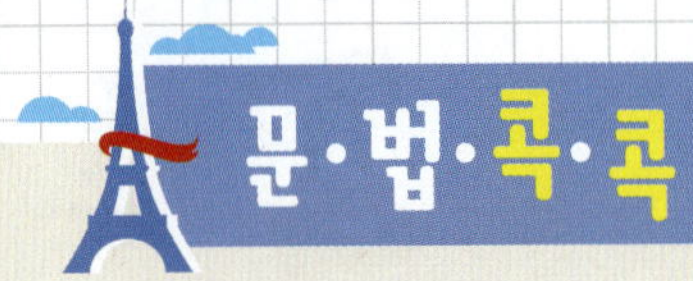

● **être à l'heure 시간에 맞다**

Est-il à l'heure ?   그는 시간에 맞게 왔나요?

= Est-ce qu'il est **à l'heure ?**

= Il est **à l'heure ?**

Il est **à l'heure**   그는 시간에 맞게 왔습니다

Il n'est pas **à l'heure**   그는 시간에 맞게 오지 않았습니다

Va-t-il être à l'heure ?   그는 시간에 맞게 올 건가요?

= Est-ce qu'il va être **à l'heure ?**

= Il va être **à l'heure ?**

Il va être **à l'heure**   그는 시간에 맞게 올 겁니다

Il ne va pas être **à l'heure**   그는 시간에 맞게 오지 않을 겁니다

● **être en avance 일찍 왔다 / 미리 왔다**

Est-on en avance ?   우리는 일찍 왔나요?

= Est-ce qu'on est **en avance ?**

= On est **en avance ?**

On est **en avance**   우리는 일찍 왔습니다

On n'est pas **en avance**   우리는 일찍 오지 않았습니다

Va-t-on être en avance ?   우리는 일찍 도착할 건가요?

= Est-ce qu'on va être **en avance ?**

= On va être **en avance ?**

On va être **en avance**   우리는 일찍 도착할 겁니다

On ne va pas être **en avance**   우리는 일찍 도착하지 않을 겁니다

06 Quel temps fait-il ?

🎧 MP3 18_06_01

날씨가 어때요?

날씨를 말할 때는 Il fait 표현을 씁니다. 날씨를 물어볼 때에는 Quel temps fait-il ?이라고 물어
봅니다. '덥다'는 avoir chaud, '춥다'는 avoir froid 표현을 씁니다.

● Quel temps fait-il ? 날씨가 어떻습니까? 🎧 MP3 18_06_02

Il fait beau	날씨가 좋습니다	Il fait nuageux	날씨가 흐립니다
Il fait chaud	날씨가 덥습니다	Il pleut	비가 옵니다
Il fait froid	날씨가 춥습니다	Il neige	눈이 옵니다

Vous avez **chaud** ? 더우세요?

– Oui, j'ai chaud   네, 덥습니다

– Non, je n'ai pas chaud   아니요, 덥지 않습니다

Vous avez **froid** ? 추우세요?

– Oui, j'ai froid   네, 춥습니다

– Non, je n'ai pas froid   아니요, 춥지 않습니다

참고

부정문으로 질문했을 때에는 Oui, Non이 아닌 Si, No으로 대답을 합니다.
또 한가지 중요한 점은 부정문 질문에 답할 때에는 한국말과 반대로 번역을 해야 한다는 것입니다. 아래에 예문들을
보시면 si는 '아니요', non은 '네' 이렇게 한국말과 반대로 번역이 된다는 점을 알아 두셔야 합니다.

Vous n'avez pas chaud ? 덥지 않으세요?
Si, j'ai chaud   아니요, 덥습니다 / Non, je n'ai pas chaud   네, 덥지 않습니다
Vous n'avez pas froid ? 춥지 않으세요?
Si, j'ai froid   아니요, 춥습니다 / Non, je n'ai pas froid   네, 춥습니다

07 | Un an, deux ans, trois ans...

일 년, 이 년, 삼 년

MP3 08_07_01

년, 달, 주, 날 단위를 배워 봅시다. 🎧 MP3 18_07_02

an 년	mois 달	semaine 주	Jour 일
1 an 1년	**1 mois** 1달	**1 semaine** 1주일	**1 jour** 하루
2 ans 2년	**12 mois** 12달	**4 semaines** 4주일	**7 jours** 7일

● 년, 달, 주 예문

Dans 1 an, il y a 12 mois   1년에는 12달이 있다

Dans 1 mois, il y a 4 semaines   1달에는 4주가 있다

Dans une semaine, il y a 7 jours   1주에는 7일이 있다

참고

depuis는 '~전부터'라고 번역하시면 됩니다.

J'habite à Séoul depuis 3 ans.   나는 3년 전부터 서울에 산다.
Nous parlons français depuis 6 mois.   우리는 6개월 전부터 프랑스어를 한다.
Elle est à la maison depuis 2 jours.   그녀는 2일 전부터 집에 있다.

▶ 대화를 듣고 큰 소리로 따라해 보세요!   🎧 MP3 18_08

A   Quelle heure est-il ?

B   Il est sept heures moins cinq.
A quelle heure partez-vous au bureau ?

A   Je pars au bureau à 7 heures.

B   Vous êtes en retard ?

A   Oui, je suis en retard.

해석

A   몇 시입니까?

B   7시 5분전 입니다.

몇 시에 사무실로 떠나세요?

A   7시에 사무실로 떠납니다.

B   늦으셨나요?

A   네, 늦었습니다.

 단어정리

Quelle heure 몇 시 | **moins** 빼기, 전 | **partir** 떠나다 | **être en retard** 늦다

01

🎧 MP3 18_09_01

Il fait **beau.**

날씨가 좋습니다.

nuageux 흐리다
chaud 덥다
froid 춥다

02

🎧 MP3 18_09_02

Il est **sept heures quinze.**

7시 15분입니다.

six heures cinquante du soir 저녁 6시 50분(18시 50분)
dix heures moins le quart 9시 45분
trois heures vingt-cinq de l'après-midi 오후 3시 25분(15시 25분)

1 프랑스어로 말해 보세요.

몇 시입니까?　　　　　→ ....

시계 있으십니까?　　　→ ....

시계 있니?　　　　　　→ ....

2 프랑스어로 말해 보세요. (~시 입니다)

07:00 → ....　07:05 → ....

07:30 → ....　07:15 → ....

07:55 → ....　07:45 → ....

12:00 → ....　00:00 → ....

3 프랑스어로 말해 보세요.

언제 당신은 학교에 가십니까?　　　　→ ....

Pierre는 언제 사무실로 가나요?　　　→ ....

Sophie는 언제 운동하러 가나요?　　　→ ....

우리 언제 만날까?　　　　　　　　　→ ....

우리 몇 시에 만날까?　　　　　　　　→ ....

내일 오후 3시에 만나자.　　　　　　　→ ....

너는 언제 올 수 있니?　　　　　　　　→ ....

너는 몇 시에 올 수 있니?　　　　　　　→ ....

나는 11시쯤에 올 수 있어.　　　　　　→ ....

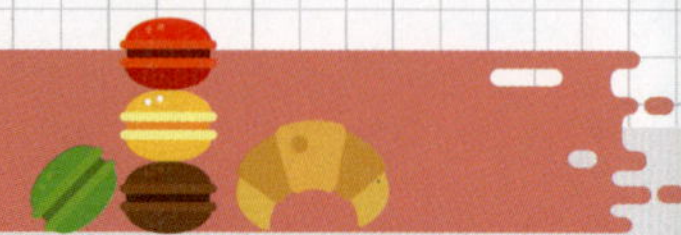

4 **프랑스어로 말해 보세요.**

나는 늦게 왔습니다. → ....

나는 시간에 맞추어서 왔습니다. → ....

나는 이르게 왔습니다. → ....

그녀는 늦게 올 것입니다. → ....

그녀는 시간에 맞추어서 올 것입니다. → ....

그녀는 이르게 올 것입니다. → ....

당신은 추우세요? → ....

네, 나는 춥습니다. → ....

아니요, 나는 춥지 않습니다. → ....

당신은 춥지 않으세요? → ....

아니요 나는 춥습니다. → ....

네, 나는 춥지 않습니다. → ....

1년		2년		3년	
1달		6달		12달	
1주일		4주일		8주일	
1일		7일		365일	

19

Le transport
교통수단

무료 MP3 바로 듣기

중요 포인트

타다 Le verbe ≪prendre≫
전치사 en La préposition 'en'
숫자 Le chiffre (1000부터)
날짜 La date

01 Je prends le bus.

버스를 탑니다.

MP3 19_01

영어의 take (타다, 잡다)에 해당되는 prendre + 교통수단 표현을 배워 봅시다.

~를 탑니다

Je prends **le bus** 버스를 탑니다

Je prends **le métro** 지하철을 탑니다

Je prends **le train** 기차를 탑니다

Je prends **l'avion** 비행기를 탑니다

Je prends **le taxi** 택시를 탑니다

Je prends **la voiture** 자동차를 탑니다

Comment 어떻게 (영어의 how)

*comment은 영어의 how에 해당되는 의문사입니다.

Comment est-ce que tu viens à l'école ? 어떻게 학교에 오니?

학교에 오기 위해 ~를 탑니다

*pour는 '~를 위해서'라는 뜻이며 'pour + 동사원형'을 사용해서 문장을 만들어 봅시다.

Je prends le bus pour venir à l'école 나는 버스를 타고 학교에 온다

Tu prends le métro pour venir à l'école ? 너는 지하철을 타고 학교에 오니?

Il / Elle prend le train pour venir à l'école 그는 기차를 타고 학교에 온다

On prend le taxi pour venir à l'école 우리는 택시를 타고 학교에 온다

Nous prenons la voiture pour venir à l'école 우리는 차를 타고 학교에 옵니다

Vous prenez le vélo pour venir à l'école ? 당신은 자전거를 타고 학교에 오나요?

Ils / Elles prennent le bus pour venir à l'école 그들은 버스를 타고 학교에 옵니다

02 Je rentre en bus.

버스로 (집에) 들어갑니다.

영어의 return (돌아오다)에 해당되는 rentrer 동사를 배워 봅시다. er로 끝나는 1군동사이기 때문에 쉽게 동사변화를 할 수 있습니다. 또한 어떤 교통수단으로 돌아가든지 '~로 돌아간다'라고 말하려면 성에 관계없이 전치사 en을 씁니다.

~로 (집에) 들어갑니다

Je rentre **en bus** 버스로 들어갑니다

Je rentre **en métro** 지하철로 들어갑니다

Je rentre **en train** 기차로 들어갑니다

Je rentre **en avion** 비행기로 들어갑니다

Je rentre **en taxi** 택시로 들어갑니다

Je rentre **en voiture** 자동차로 들어갑니다

Je rentre **en vélo** 자전거로 들어갑니다

(집에) 지하철로 들어갑니다 (모든 인칭으로)

Comment est-ce que vous rentrez chez vous ? 어떻게 집에 들어가세요?

Je rentre chez moi **en** métro 저는 지하철로 집에 들어갑니다

Tu rentres chez toi **en** métro 너는 지하철로 집에 들어간다

Il rentre chez lui **en** métro 그는 지하철로 집에 들어갑니다

Elle rentre chez elle **en** métro 그녀는 지하철로 집에 들어갑니다

On rentre chez soi **en** métro 우리는 지하철로 집에 들어갑니다

Nous rentrons chez nous **en** métro 우리는 지하철로 집에 들어갑니다

Vous rentrez chez vous **en** métro ? 당신은 지하철로 집에 들어갑니까?

Ils rentrent chez eux **en** métro 그들은 지하철로 집에 들어갑니다

Elles rentrent chez elles **en** métro 그녀들은 지하철로 집에 들어갑니다

03 Deux mille dix sept

2017

MP3 19_03_01

1000부터 1 000 000 000까지 숫자를 배워 봅시다.

1000이라는 뜻의 mille에는 복수에도 s가 붙지 않습니다. MP3 19_03_02

1000 Mille	2000 Deux mille	3000 Trois mille
4000 Quatre mille	5000 Cinq mille	6000 Six mille
7000 Sept mille	8000 Huit mille	9000 Neuf mille
10 000 Dix mille	1001 Mille un	1002 Mille deux
1003 Mille trois	1004 Mille quatre	1005 Mille cinq
1006 Mille six	1007 Mille sept	1008 Mille huit
1009 Mille neuf	1010 Mille dix	1011 Mille onze
1012 Mille douze	1013 Mille treize	1014 Mille quatorze
1015 Mille quinze	1016 Mille seize	1017 Mille dix-sept
1018 Mille dix-huit	1019 Mille dix-neuf	1020 Mille vingt

1101 Mille cent un	1102 Mille cent deux	1103 Mille cent trois ...
1110 Mille cent dix	1901 Mille neuf cent un	1902 Mille neuf cent deux ...
2000 Deux mille	2001 Deux mille un	2002 Deux mille deux ...
10 000 Dix mille	20 000 Vingt mille	30 000 Trente mille
40 000 Quarante mille	50 000 Cinquante mille	60 000 Soixante mille
70 000 Soixante-dix mille	80 000 Quatre-vingt mille	90 000 Quatre-vingt-dix mille
100 000 Cent mille	1 000 000 Un million	10 000 000 Dix millions
100 000 000 Cent millions	1 000 000 000 Un milliard	

04 Le 7 avril 2017

MP3 19_04_01

2017년 4월 7일

프랑스어에서는 일/월/연도 순서로 날짜를 씁니다. 또한 날짜 앞에는 정관사 le를 씁니다.
우선 달을 배운 후 다양한 날짜(La date)들을 연습해 봅시다. 🎧 MP3 19_04_02

Janvier 1월	**Février** 2월	**Mars** 3월	**Avril** 4월
Mai 5월	**Juin** 6월	**Juillet** 7월	**Août** 8월
Septembre 9월	**Octobre** 10월	**Novembre** 11월	**Décembre** 12월

날짜를 읽어 봅시다.

10/03/2003	Le dix mars deux mille trois
01/04/1995	Le premier avril mille neuf cent quatre-vingt-quinze
11/05/1985	Le onze mai mille neuf cent quatre-vingt-cinq
30/06/2005	Le trente juin deux mille cinq
14/07/2007	Le quatorze juillet deux mille sept
29/08/1980	Le vingt-neuf août mille neuf cent quatre-vingts
23/09/2001	Le vingt-trois septembre deux mille un
01/10/2008	Le premier octobre deux mille huit

 참고

날짜를 물어볼 때에는 아래의 두 문장으로 질문할 수 있습니다.
– Quelle est la date d'aujourd'hui ? 오늘의 날짜가 어떻게 되나요?
– Quel jour sommes-nous ? 오늘이 며칠이지요?

날짜를 말할 때에는 〈Aujourd'hui, c'est le + 날짜〉 형태로 말합니다.
여기서 날짜 앞에 정관사 le가 꼭 들어간다는 점 기억해 두세요.

▶ 대화를 듣고 큰 소리로 따라해 보세요!　　　　　🎧 MP3 19_05

A　Comment est-ce que tu viens à l'école ?

B　Je prends le métro pour venir à l'école.

A　Comment est-ce que tu rentres chez toi ?

B　Je rentre en bus.

해석

A　어떻게 학교에 오니?

B　지하철을 타고 학교에 와.

A　어떻게 너의 집에 들어가니?

B　버스로 집에 들어가.

 단어정리

comment 어떻게 │ métro 지하철 │ rentrer (집에) 들어가다 │ chez ~ 집에 │ bus 버스

01

🎧 MP3 19_06_01

Aujourd'hui, c'est le quatorze juillet deux mille sept.

오늘은 2007년 7월 14일 입니다.

le dix mars deux mille trois 2003년 3월 10일
le quatre février mille neuf cent quatre-vingt-trois 1983년 2월 4일
le vingt et un décembre deux mille deux 2002년 12월 21일

02

🎧 MP3 19_06_02

Pour venir à l'école, je prends le bus.

학교에 올 때에 버스를 탑니다.

prends le métro 지하철을 탄다
prends le vélo 자전거를 탄다
viens à pied 걸어서 (도보로) 온다

1 프랑스어로 번역해 보세요.

나는 버스를 탄다. → ______________________________

나는 지하철을 탄다. → ______________________________

나는 기차를 탄다. → ______________________________

너는 버스를 타야 해. → ______________________________

그는 지하철을 탈 수 없어. → ______________________________

우리는 기차를 타고 싶습니다. → ______________________________

당신은 비행기를 타십니까? → ______________________________

그녀는 택시를 타고 싶지 않습니다. → ______________________________

그들은 자전거를 탈 것입니다. → ______________________________

너는 학교에 어떻게 오니? → ______________________________

당신은 사무실에 어떻게 가십니까? → ______________________________

우리는 어떻게 가나요? → ______________________________

당신은 택시로 오실 것입니까? → ______________________________

그들은 자동차를 타고 올 것입니다. → ______________________________

2 다음의 질문에 Oui 또는 Non으로 답해 보세요.

Tu rentres en bus ? → Oui, ______________________________

→ Non, ______________________________

On prend le métro ? → Oui, ______________________________

→ Non, ______________________________

Je peux prendre la voiture ?   → Oui, ...

                                      → Non, ...

Est-ce que vous aimez prendre le bus ? → Oui, ...

                                      → Non, ...

Est-ce que vous voulez partir en avion ? → Oui, ...

                                      → Non, ...

3 날짜를 적어 보세요.

21/10/2007 → ....

20/06/2002 → ....

01/06/2000 → ....

11/05/1985 → ....

12/02/2003 → ....

07/03/1983 → ....

22/12/1980 → ....

09/01/1995 → ....

27/08/2004 → ....

16/04/2005 → ....

01/11/2008 → ....

26/07/2001 → ....

Investir dans le vin

미식의 나라 프랑스. 프랑스 미식을 대표하는 것을 말하자면 으레 와인을 떠올리기 마련이다.

프랑스 식사에서 절대 빼놓을 수 없는 와인. 음식과 잘 어울리는 와인을 선택하는 것도 프랑스인들의 생활 지혜로 인정받는다.

과연 와인으로 재테크가 가능할까? 전문가들은 20세기 초부터 2012년 사이의 보르도 와인의 연간 수익률을 5.3%로 추정하고 있다. 이와 더불어 와인 투자 전문가들은 최고급 와인에 대한 가격 변동 지수가 최근 20년간 4~8%씩 증가했다고 분석했다. 그래서인지 투자 가치가 좋은 와인에 대해 이야기하는 지인들이 많다. 또 그들은 많은 와인들을 구입하고 있다.

프랑스인들은 자녀가 태어나면 그 해 생산된 포도주를 대량으로 구입해 보관 전문 까브(Cave)에 맡겨 두고 자녀의 결혼식 등 기념일에 친지들과 나누는 풍습이 있다. 우리 부모님도 프랑스에 거주를 시작하면서 나와 내 동생이 태어난 연도의 와인을 뒤늦게 구하느라 열심이셨는데, 나와 동생의 결혼식에 꺼내 놓으셔서 이웃들과 함께 나누어 더 큰 기쁨을 경험하게 해 주셨다.

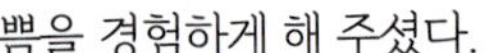

Leçon 20

Le voyage
여행

무료 MP3 바로 듣기

01

MP3 20_01

Je voudrais une chambre pour ce soir.

오늘 저녁에 방 하나를 원합니다.

영어의 I would like에 해당되는 Je voudrais 표현을 통해서 주문을 하거나 원하는 것을 말할 수 있습니다. 영어처럼 프랑스어도 이 표현은 조건법이라고 하며 정중한 표현을 할 때에도 쓰입니다.

> je voudrais는 vouloir의 조건법으로서 뒤에 동사원형을 넣어서 쓸 수 있습니다.
> Je veux une chambre → Je voudrais une chambre
> 영어의 for에 해당되는 pour를 사용해서 pour ce soir(오늘 저녁)이라는 표현이 추가되어 'Je voudrais une chambre pour ce soir'라고 말할 수 있습니다.

'원하다' 표현

Je voudrais **une chambre pour ce soir**   오늘 저녁에 방 하나를 원합니다

Je voudrais **une chambre pour une nuit**   하룻동안 묵을 방 하나를 원합니다

Je voudrais **une chambre pour le 17 juillet**   7월 17일 묵을 방 하나를 원합니다

Je voudrais **visiter la Tour Eiffel**   에펠탑을 구경하기 원합니다

Je voudrais **aller faire du shopping**   쇼핑을 하러 가기 원합니다

Je voudrais **partir en France**   프랑스로 떠나기 원합니다

Je voudrais **prendre des photos**   사진을 찍기 원합니다

Je voudrais **un billet aller simple**   편도 표 하나 주세요

Je voudrais **un billet aller-retour**   왕복 표 하나 주세요

02

MP3 20_02

Est-ce que *je peux avoir* de l'eau ?

물을 주시겠어요?

'~를 가질 수 있을까요?', '~를 주시겠어요?'라는 의미의 Est-ce que je peux avoir~ ? 표현에 대해 알아보겠습니다. 영어의 can I have(가질 수 있을까요)에 해당되는 je peux avoir를 사용해서 무언가를 달라고 할 수 있습니다. peux는 영어의 can에 해당되는 pouvoir 동사이지요. je pourrais는 pouvoir의 조건법으로서 뒤에 동사원형을 넣어서 쓸 수 있습니다. 위 문장에서 de l'eau에 de가 있는 이유는 셀 수 없는 명사이기 때문입니다. 영어에서 some을 사용하는 것과 같습니다. 또한 영어의 can you give me(제가 줄 수 있을까요)에 해당되는 vous pouvez me donner 표현을 통해 무언가를 달라고 할 수 있습니다. 여기서 me는 14과에서 배운 직접목적보어 인칭대명사입니다.

~를 주시겠어요? / ~해 줄 수 있어요?

Est-ce que **je peux avoir** un café ?　커피를 주시겠어요?

Est-ce que **je peux avoir** une serviette ?　수건을 주시겠어요?

Est-ce que **vous pouvez me donner** un coca ?　콜라를 주실 수 있으세요?

Est-ce que **tu peux me prêter** un stylo ?　볼펜을 빌려줄 수 있니?

Est-ce que **tu peux me prêter** ton vélo ?　너의 자전거를 빌려줄 수 있니?

Est-ce que **vous pouvez m'aider** ?　저를 도와주실 수 있으세요?

Est-ce que **vous pouvez répéter** ?　다시 한 번 말씀하실 수 있으세요?

Est-ce que **vous pouvez nous prendre** en photo ?　우리를 사진으로 찍어 주실 수 있으세요?

Est-ce que **tu veux venir** avec moi ?　나와 같이 갈 수 있어?

Est-ce que **tu peux venir** avec nous ?　우리와 같이 갈 수 있어?

03 Combien de nuits allez-vous rester ?

MP3 20_03

며칠 동안 묵으실 것입니까?

영어의 how long, how much (얼마나)에 해당되는 의문사 combien de + 무관사 명사를 사용해서 문장을 만들어 봅시다.

> combien de 다음에 명사를 사용하면 '얼마나~'가 됩니다
> combien de nuits는 '몇 밤' 즉 한국말로는 '며칠 동안'이 되겠습니다
> rester는 '남아있다'라는 뜻도 되지만 '머물다'라는 뜻도 됩니다.

● combien de + 무관사 명사

Combien de nuits allez-vous rester ?   몇 일 동안 묵으실 겁니까?

– Je vais rester **une nuit**   하루 밤 묵을 겁니다

– On va rester **2 nuits**   이틀 밤 묵을 겁니다

Combien de temps allez-vous rester en France ?   프랑스에 얼마나 계실 겁니까?

– Je vais rester **une semaine**   1주일 동안 있을 겁니다

– On va rester **10 jours**   10일 동안 있을 겁니다

– Je vais rester **un mois**   1달 동안 있을 겁니다

– On va rester **un an**   1년 동안 있을 겁니다

Combien de personnes viennent chez vous ?   몇 명이 당신의 집에 오나요?

– **4 personnes** viennent chez moi   4명이 저의 집으로 옵니다

04 Aujourd'hui, qu'est-ce que tu veux faire ?

MP3 20_04

오늘 무엇을 하고 싶니?

의문사 que와 질문할 때에 사용되는 est-ce que를 합쳐 Qu'est-ce que를 사용해서 '무엇을'이라고 질문 할 수 있다고 배웠습니다. 여기서 '오늘'이라는 말을 추가하려면 aujourd'hui라는 단어를 문장의 앞이나 맨 뒤에 추가하면 됩니다. aujourd'hui를 문장의 맨 앞에 위치하게 할 때에는 콤마를 넣어준다는 점 잊지 마세요.

Qu'est-ce que tu veux faire aujourd'hui ?

Aujourd'hui, qu'est-ce que tu veux faire ?

> 'Je voudrais + 동사원형'을 사용해서 무엇을 하고 싶다고 말할 수 있습니다.
> visiter는 영어의 visit동사에 해당이 되는 '방문하다', '구경하다'라는 뜻입니다

● Qu'est-ce que tu veux faire? 무엇을 하고 싶니?

Qu'est-ce que tu veux faire **aujourd'hui** ?   오늘 무엇을 하고 싶니?

= **Aujourd'hui**, qu'est-ce que tu veux faire ?

Qu'est-ce que tu veux faire **demain** ?   내일 무엇을 하고 싶니?

= **Demain**, qu'est-ce que tu veux faire ?

● ～에 가고 싶어요 / ～을 구경하고 싶어요

Je voudrais **aller à la Tour Eiffel**   에펠탑에 가고 싶어요

Je voudrais **visiter le jardin des Tuileries**   튈르리 공원을 구경하고 싶어요

05

MP3 20_05_01

Je voudrais essayer ce manteau, s'il vous plaît.

이 코트를 입어 보고 싶습니다.

'~를 입어 보고 싶습니다'라고 말하려면 앞에서 배웠던 'Je voudrais + 동사원형'을 사용합니다. essayer는 '입어보다, 시도하다' 즉 영어의 try동사와 같습니다. 문장의 뒤에 s'il vous plaît 를 넣음으로써 보다 정중한 표현이 만들어집니다.

● 옷, 악세사리, 보석 (Les vêtements, les accessoires et les bijoux)

MP3 20_05_02

Les vêtements 옷

Un manteau 코트	**Une veste** 자켓	
Un pull 스웨터	**Une chemise** 셔츠	**Un t-shirt** 티셔츠
Une robe 원피스	**Un pantalon** 바지	**Une jupe** 치마
Un jean 청바지	**Un costume** 양복	**Des chaussettes** 양말

Des chaussures 신발

Des sandales 샌들	**Des bottes** 부츠

Des accessoires 액세사리

Une cravate 넥타이	**Une ceinture** 벨트
Un mouchoir 손수건	**Un foulard** 스카프
Un parapluie 우산	**Un chapeau** 모자

Des bijoux 보석

Un collier 목걸이	**Une bague** 반지
Un bracelet 팔찌	**Des boucles d'oreilles** 귀걸이

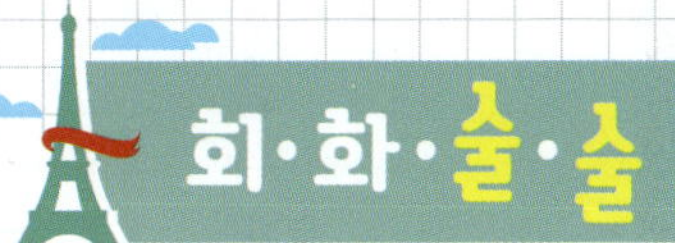

회·화·술·술

▶ 대화를 듣고 큰 소리로 따라해 보세요! 🎧 MP3 20_06

A Je voudrais une chambre pour le 17 juillet.

B Combien de nuits allez-vous rester ?

A Je vais rester une nuit.

B Combien de temps allez-vous rester en France ?

A Je vais rester une semaine.

해석

A 7월 17일 묵을 방 하나를 원합니다.

B 몇 일 동안 묵으실 겁니까?

A 하루 밤 묵을 겁니다.

B 프랑스에 얼마나 계실 겁니까?

A 1주일 동안 있을 겁니다.

 단어정리

juillet 7월 | Combien de nuits 몇 밤 | rester 머무르다 | Combien de temps 얼마나 (시간) | semaine 일주일

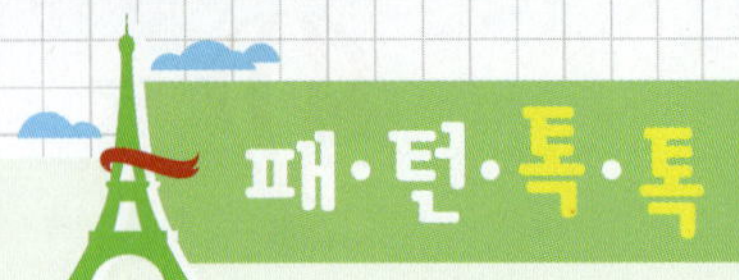 

01 🎧 MP3 20_07_01

Est-ce que vous pouvez m'aider ?

저를 도와주실 수 있으세요?

me donner une serviette 수건을 주실
répéter 다시 한번 말씀하실
nous prendre en photo 우리를 사진으로 찍어 주실

02 🎧 MP3 20_07_02

Je voudrais aller à la Tour Eiffel.

에펠탑에 가고 싶어요.

aller 가다 **aux Champs-Elysées** 샹젤리제에
visiter 구경하다 **le jardin des Tuileries** 튈르리 공원을
visiter 구경하다 **Versailles** 베르사이유를

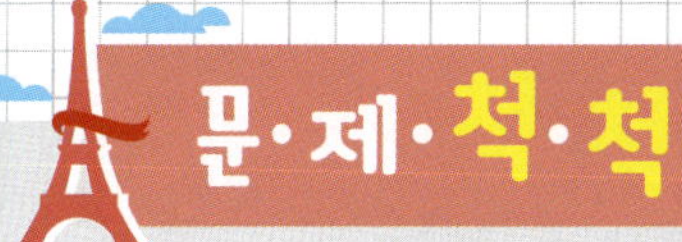

문·제·척·척

1 다음의 단어들을 이용해서 올바른 문장을 만들어 보세요.

soir / chambre / Je / une / ce / voudrais / pour

→ ....

pour / Je / une / voudrais / nuit / chambre / une

→ ....

pour / juillet / le / chambre / 17 / Je / voudrais / une

→ ....

Eiffel / visiter / Je / Tour / voudrais / la

→ ....

voudrais / France / en / partir / Je

→ ....

au / Orsay / d' / musée / Je / aller / voudrais

→ ....

aller / billet / simple / Je / un / voudrais

→ ....

photos / des / Je / prendre / voudrais

→ ....

? / café / Est-ce que / avoir / je / s'il vous plaît / peux / un,

→ ....

Est-ce que / je / bain / peux / serviettes / ? / avoir / de / des

→ ....

stylo / prêter / Est-ce que / peux / un / tu / me / ?

→ ....

prêter / Est-ce que / ? / vélo / tu / ton / peux / me

→ ....

aider / ? / Est-ce que / pouvez / vous / m'

→ ....

vous / répéter / pouvez / Est-ce que / ?

→ ....

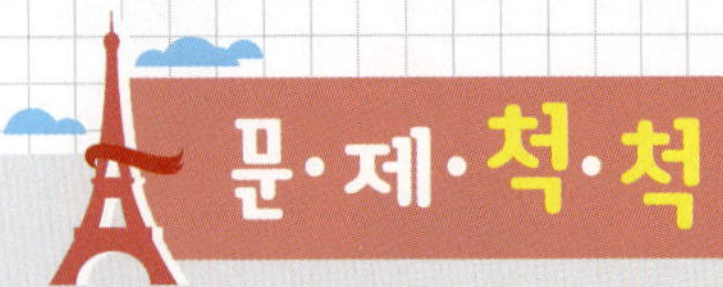

문·제·척·척

2 빈칸에 알맞은 명사로 채워 보세요.

Combien de ____________ allez-vous rester ?　　　　　→ Je vais rester une nuit

Combien de ____________ allez-vous rester en France ?　→ On va rester 10 jours

Combien de ____________ viennent chez vous ?

→4 personnes viennent chez moi

Qu'est-ce que tu veux ____________ aujourd'hui ?

→Je voudrais aller aux Champs-Elysées

3 빈칸에 à / à la / au / aux / à l' / le / la / l' / les 또는 빈칸으로 채워 보세요.

Je voudrais visiter ____________ avenue des Champs-Elysées.

Je voudrais aller ____________ Tour Eiffel.

Je voudrais visiter ____________ musée du Louvre.

Je voudrais visiter ____________ Louvre.

Je voudrais aller ____________ avenue des Champs-Elysées.

Je voudrais visiter ____________ Champs-Elysées.

Je voudrais visiter ____________ jardin des Tuileries.

Je voudrais aller ____________ musée du Louvre.

Je voudrais aller ____________ Louvre.

Je voudrais visiter ____________ place de la Concorde.

Je voudrais aller ____________ jardin des Tuileries.

Je voudrais visiter ____________ Versailles.

Je voudrais aller ____________ place de la Concorde.

Je voudrais aller ____________ Versailles.

Je voudrais visiter ____________ Tour Eiffel.

4 프랑스어로 써 보세요.

옷 →		코트 →		자켓 →	
스웨터 →		셔츠 →		티셔츠 →	
원피스 →		바지 →		치마 →	
청바지 →		양복 →		양말 →	
신발 →		샌들 →		부츠 →	
액세서리 →		넥타이 →		벨트 →	
손수건 →		스카프 →		우산 →	
모자 →		목걸이 →		반지 →	
팔찌 →		귀걸이 →			

La France et le graffiti !

프랑스 기차 여행을 하는 사람이라면 역 주변 벽에 지저분한 듯한 낙서(Graffiti)를 많이 보게 될것이다. 주로 프랑스어 단어와 그림들이 많은데 이런 것들은 프랑스 전역에서 너무도 많이 발견된다. 심지어는 지하철 주변, 일반 주택의 담장, 상점 셔터에까지 낙서 형태로 도심 미관을 크게 헤쳐서 밉게 보이는데 프랑스 친구들도 그런 일을 하는 사람들을 욕하기도 한다.

하지만, 요즘은 진정한 벽화 예술로 인정받는 Graffiti 작품들도 눈에 띈다. 프랑스 거리 벽화 예술가인 패트릭 커머시(Patrick Com-mecy)와 그의 20여 명의 팀원들이 그려 낸 벽화들인데 초정밀 페인트를 사용하여 3D 착시 효과로 그려 낸 작품들로, 보는 사람들은 실물 혹은 스티커를 붙여 놓은 것이라고 착각할 정도다.

Le Puy-en-Velay라는 마을에 그려 놓은 Clochemerle 캐릭터 벽화는 그들의 대표적인 작품인데, 폐가를 생가로 바꾸어 놓는 그들의 손재주를 요즘은 전국에서 많이 볼 수 있다.
한국 관광객들도 자주 방문하는 샤모니 몽블랑(Chamonix-Mont-Blanc)에도 그들의 벽화가 있다. 샤모니를 방문한다면 그들의 작품을 한번 찾아볼 것을 권해 본다. 멀리 만년설을 보면서 여기저기 벽도 쳐다보며 거닐면 그 정취가 한층 더할 것이다.

문제척척 정답

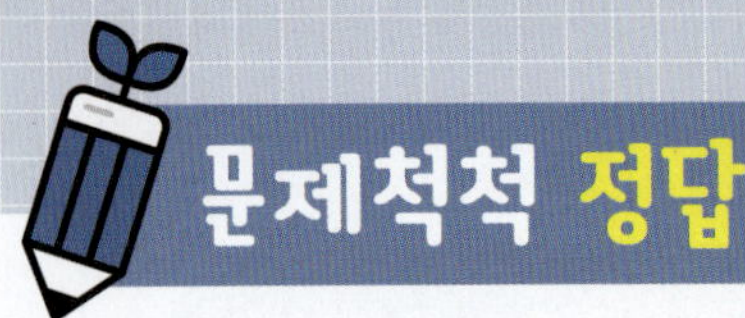

문제척척 정답

1.

Bonjour	Oui
Bonsoir	Non
toi	papa
moi	maman
coréen	grand
coréenne	grande
français	petit
française	petite

2.

① Ça va	Très bien	Comment allez-vous?
② Je vais très bien	Et vous ?	Et toi ?
③ Moi aussi	Comme ci, comme ça	Ça ne va pas
④ Comment vous appelez-vous ?	Vous vous appelez comment ?	
⑤ Comment t'appelles-tu ?	Tu t'appelles comment ?	
⑥ Je m'appelle ~	Au revoir	Bonne journée

3.

					⑥ s		
					a	⑦ m	
	② b	③ e		⑤ v	l	e	
① b	o	n	④ j	o	u	r	
	n	c	e	u	t	c	
	s	h		s		i	
	o	a					
	i	n					
	r	t					
		é					

1.

Je suis	Nous sommes
Tu es	Vous êtes
Il est	Ils sont
Elle est	Elles sont

2.

나라	나는 … 사람이다 (남성)	나는 … 사람이다 (여성)
France	Je suis français.	Je suis française.
Corée	Je suis coréen.	Je suis coréenne.
Chine	Je suis chinois.	Je suis chinoise.
Japon	Je suis japonais.	Je suis japonaise.
Etats-Unis	Je suis américain.	Je suis américaine.
Angleterre	Je suis anglais.	Je suis anglaise.
Italie	Je suis italien.	Je suis italienne.
Espagne	Je suis espagnol.	Je suis espagnole.

나라	당신은 … 사람이다 (남성)	당신은 … 사람이다 (여성)
Corée	Vous êtes coréen.	Vous êtes coréenne.
France	Vous êtes français.	Vous êtes française.
Chine	Vous êtes chinois.	Vous êtes chinoise.
Japon	Vous êtes japonais.	Vous êtes japonaise.
Etats-Unis	Vous êtes américain.	Vous êtes américaine.
Angleterre	Vous êtes anglais.	Vous êtes anglaise.
Italie	Vous êtes italien.	Vous êtes italienne.
Espagne	Vous êtes espagnol.	Vous êtes espagnole.

3.

남성	여성
Je suis coréen.	Je suis coréenne.
Tu es coréen.	Tu es coréenne.
Il est coréen.	Elle est coréenne.
Nous sommes coréens.	Nous sommes coréennes.
Vous êtes coréen.	Vous êtes coréenne.
Vous êtes coréens.	Vous êtes coréennes.
Ils sont coréens.	Elles sont coréennes.

4. (1) 나라이름

CORÉE / FRANCE / JAPON / CHINE / ÉTATS-UNIS

(2) 국적

FRANÇAIS / ANGLAIS / ESPAGNOL / CHINOIS / CORÉEN

(3) 직업

ÉTUDIANT / ACTEUR / PEINTRE / MEDECIN / PROFESSEUR

Leçon 3

1.

언어	나는 … 말을 합니다	당신은 … 말을 합니까?
프랑스어	Je parle français.	Vous parlez français ?
한국어	Je parle coréen.	Vous parlez coréen ?
중국어	Je parle chinois.	Vous parlez chinois ?
일본어	Je parle japonais.	Vous parlez japonais ?
영어	Je parle anglais.	Vous parlez anglais ?
스페인어	Je parle espagnol.	Vous parlez espagnol ?
이탈리아어	Je parle italien.	Vous parlez italien ?
독일어	Je parle allemand.	Vous parlez allemand ?

2.

도시	나는 … 에서 살고 있습니다	당신은 … 에서 살고 있습니까?
파리	J'habite à Paris.	Vous habitez à Paris ?
서울	J'habite à Séoul.	Vous habitez à Séoul ?
부산	J'habite à Pusan.	Vous habitez à Pusan ?
베이징	J'habite à Pékin.	Vous habitez à Pékin ?
도쿄	J'habite à Tokyo.	Vous habitez à Tokyo ?
뉴욕	J'habite à New York.	Vous habitez à New York ?
런던	J'habite à Londres.	Vous habitez à Londres ?
로마	J'habite à Rome.	Vous habitez à Rome ?
마드리드	J'habite à Madrid.	Vous habitez à Madrid ?
베를린	J'habite à Berlin.	Vous habitez à Berlin ?

3.

Je parle coréen.	→	Je ne parle pas coréen.
Tu parles français.	→	Tu ne parles pas français.
Il parle italien.	→	Il ne parle pas italien.
Elle parle espagnol.	→	Elle ne parle pas espagnol.
Nous parlons chinois.	→	Nous ne parlons pas chinois.
Vous parlez japonais.	→	Vous ne parlez pas japonais.
Ils parlent anglais.	→	Ils ne parlent pas anglais.
Elles parlent allemand.	→	Elles ne parlent pas allemand.

J'habite à Séoul.	→	Je n'habite pas à Séoul.
Tu habites à Paris.	→	Tu n'habites pas à Paris.
Il habite à Berlin.	→	Il n'habite pas à Berlin.
Elle habite à Tokyo.	→	Elle n'habite pas à Tokyo.
Nous habitons à Pékin.	→	Nous n'habitons pas à Pékin.
Vous habitez à Londres.	→	Vous n'habitez pas à Londres.
Ils habitent à Lyon.	→	Ils n'habitent pas à Lyon.
Elles habitent à Marseille.	→	Elles n'habitent pas à Marseille.

Je suis coréen. → Je ne suis pas coréen.
Tu es français. → Tu n'es pas français.
Il est anglais. → Il n'est pas anglais.
Elle est américaine. → Elle n'est pas américaine.
Nous sommes italiens. → Nous ne sommes pas italiens.
Vous êtes chinois. → Vous n'êtes pas chinois.
Ils sont japonais. → Ils ne sont pas japonais.
Elles sont espagnoles. → Elles ne sont pas espagnoles.

Leçon 4

1.

취미	나는 …을 좋아합니다	나는 …를 싫어합니다
음악	J'aime la musique.	Je n'aime pas la musique.
쇼핑	J'aime le shopping.	Je n'aime pas le shopping.
운동	J'aime le sport.	Je n'aime pas le sport.
영화	J'aime le cinéma.	Je n'aime pas le cinéma.
여행	J'aime les voyages.	Je n'aime pas les voyages.
독서	J'aime la lecture.	Je n'aime pas la lecture.
산책	J'aime la promenade.	Je n'aime pas la promenade.
등산	J'aime la randonnée.	Je n'aime pas la randonnée.

2.
Vous êtes coréenne ? → Est-ce que vous êtes coréenne ?
Vous parlez français ? → Est-ce que vous parlez français ?
Vous habitez à Séoul ? → Est-ce que vous habitez à Séoul ?
Vous aimez la musique ? → Est-ce que vous aimez la musique ?

Tu es musicien ? → Est-ce que tu es musicien ?
Tu parles coréen ? → Est-ce que tu parles coréen ?
Tu habites à Paris ? → Est-ce que tu habites à Paris ?
Tu aimes le sport ? → Est-ce que tu aimes le sport ?

Il est professeur ? → Est-ce qu'il est professeur ?
Il parle anglais ? → Est-ce qu'il parle anglais ?
Il habite à Londres ? → Est-ce qu'il habite à Londres ?
Il aime les voyages ? → Est-ce qu'il aime les voyages ?

3.
Elle est femme au foyer ? → Est-elle femme au foyer ?
Elle parle chinois ? → Parle-t-elle chinois ?
Elle habite à Pékin ? → Habite-t-elle à Pékin ?

Elle aime le cinéma ?	→	Aime-t-elle le cinéma ?
Ils sont cuisiniers ?	→	Sont-ils cuisiniers ?
Ils parlent français ?	→	Parlent-ils français ?
Ils habitent à Tokyo ?	→	Habitent-ils à Tokyo ?
Ils aiment la randonnée ?	→	Aiment-ils la randonnée ?
Elles sont photographes ?	→	Sont-elles photographes ?
Elles parlent coréen ?	→	Parlent-elles coréen ?
Elles habitent à New York ?	→	Habitent-elles à New York ?
Elles aiment le shopping ?	→	Aiment-elles le shopping ?

4.

J'aime.	→	J'aime beaucoup.
J'aime le cinéma.	→	J'aime beaucoup le cinéma.

5.

J'aime la musique.	→	J'aime bien la musique.
J'aime la randonnée.	→	J'aime bien la randonnée.

6.

J'aime la musique.	→	J'adore la musique.
J'aime les voyages.	→	J'adore les voyages.

Leçon 5

1.

남성	여성
Je suis gentil.	Je suis gentille.
Tu es gentil.	Tu es gentille.
Il est gentil.	Elle est gentille.
Nous sommes gentils.	Nous sommes gentilles.
Vous êtes gentil.	Vous êtes gentille.
Vous êtes gentils.	Vous êtes gentilles.
Ils sont gentils.	Elles sont gentilles.

2.

남성	여성
Je suis intelligent.	Je suis intelligente.
Tu es intelligent.	Tu es intelligente.

Il est **intelligent**.	Elle est **intelligente**.
Nous sommes **intelligents**.	Nous sommes **intelligentes**.
Vous êtes **intelligent**.	Vous êtes **intelligente**.
Vous êtes **intelligents**.	Vous êtes **intelligentes**.
Ils sont **intelligents**.	Elles sont **intelligentes**.

3.

남성	여성
Je suis **mauvais**.	Je suis **mauvaise**.
Tu es **mauvais**.	Tu es **mauvaise**.
Il est **mauvais**.	Elle est **mauvaise**.
Nous sommes **mauvais**.	Nous sommes **mauvaises**.
Vous êtes **mauvais**.	Vous êtes **mauvaise**.
Vous êtes **mauvais**.	Vous êtes **mauvaises**.
Ils sont **mauvais**.	Elles sont **mauvaises**.

Leçon 6

1.
C'est une règle. → Ce sont des règles.
C'est un stylo. → Ce sont des stylos.
C'est une gomme. → Ce sont des gommes.
C'est un sac. → Ce sont des sacs.
C'est une clé. → Ce sont des clés.
Ce n'est pas un téléphone portable. → Ce ne sont pas des téléphones portables.
Ce n'est pas un portefeuille. → Ce ne sont pas des portefeuilles.
Ce n'est pas un livre. → Ce ne sont pas des livres.
Ce n'est pas un cahier. → Ce ne sont pas des cahiers.

2.
초록색 책 → un livre vert
검정색 가방 → un sac noir
하얀색 지갑 → un portefeuille blanc

초록색 핸드폰 → un téléphone portable vert
검정색 볼펜 → un stylo noir
하얀색 열쇠 → une clé blanche

파란색 볼펜들 → des stylos bleus
노란색 자들 → des règles jaunes
하얀색 지우개들 → des gommes blanches
빨간색 연필들 → des crayons rouges

파란색 열쇠들 → des clés bleues
노란색 연필들 → des crayons jaunes
하얀색 가방들 → des sacs blancs
빨간색 자들 → des règles rouges

3.
Est-ce que c'est un stylo vert ? → Oui, c'est un stylo vert.
→ Non, ce n'est pas un stylo vert.

Est-ce que c'est un crayon rouge ?　→ Oui, c'est un crayon rouge.
　→ Non, ce n'est pas un crayon rouge.

Est-ce que c'est une clé noire ?　→ Oui, c'est une clé noire.
　→ Non, ce n'est pas une clé noire.

C'est joli ?　→ Oui, c'est joli.
　→ Non, ce n'est pas joli.

Est-ce que c'est beau ?　→ Oui, c'est beau.
　→ Non, ce n'est pas beau.

Est-ce que c'est bon ?　→ Oui, c'est bon.
　→ Non, ce n'est pas bon.

Est-ce que c'est blanc ?　→ Oui, c'est blanc.
　→ Non, ce n'est pas blanc.

4.
Ce sont des crayons + C'est bleu　= Ce sont des crayons bleus.
Ce sont des gommes + C'est blanc　= Ce sont des gommes blanches.
Ce sont des livres + C'est petit　= Ce sont de petits livres.
Ce sont des cahiers + C'est grand　= Ce sont de grands cahiers.
Ce sont des clés + C'est joli　= Ce sont de jolies clés.

5.

stylo	bleu	Le stylo est bleu.	Il est bleu.	C'est un stylo bleu.
	rouge	Le stylo est rouge.	Il est rouge.	C'est un stylo rouge.
	joli	Le stylo est joli.	Il est joli.	C'est un joli stylo.
sac	blanc	Le sac est blanc.	Il est blanc.	C'est un sac blanc.
	jaune	Le sac est jaune.	Il est jaune.	C'est un sac jaune.
	petit	Le sac est petit.	Il est petit.	C'est un petit sac.
maison	blanc	La maison est blanche.	Elle est blanche.	C'est une maison blanche.
	vert	La maison est verte.	Elle est verte.	C'est une maison verte.
	grand	La maison est grande.	Elle est grande.	C'est une grande maison.
clé	noir	La clé est noire.	Elle est noire.	C'est une clé noire.
	rouge	La clé est rouge.	Elle est rouge.	C'est une clé rouge.
	joli	La clé est jolie.	Elle est jolie.	C'est une jolie clé.
crayons	bleu	Les crayons sont bleus.	Ils sont bleus.	Ce sont des crayons bleus.
	rouge	Les crayons sont rouges.	Ils sont rouges.	Ce sont des crayons rouges.
	joli	Les crayons sont jolis.	Ils sont jolis.	Ce sont de jolis crayons.

téléphones portables	noir blanc petit	Les téléphones sont noirs. Les téléphones sont blancs. Les téléphones sont petits.	Ils sont noirs. Ils sont blancs. Ils sont petits.	Ce sont des téléphones noirs. Ce sont des téléphones blancs. Ce sont de petits téléphones.
voitures	blanc grand joli	Les voitures sont blanches. Les voitures sont grandes. Les voitures sont jolies.	Elles sont blanches. Elles sont grandes. Elles sont jolies.	Ce sont des voitures blanches. Ce sont de grandes voitures. Ce sont de jolies voitures.

Leçon 7

1.

voiture bleue	grande maison
J'ai une voiture bleue.	J'ai une grande maison.
Tu as une voiture bleue.	Tu as une grande maison.
Il a une voiture bleue.	Il a une grande maison.
Nous avons une voiture bleue.	Nous avons une grande maison.
Vous avez une voiture bleue.	Vous avez une grande maison.
Ils ont une voiture bleue.	Ils ont une grande maison.
Elles ont une voiture bleue.	Elles ont une grande maison.

2.
J'ai un vélo. → Je n'ai pas de vélo.
Elles ont un appartement. → Elles n'ont pas d'appartement.
Nous avons des voitures. → Nous n'avons pas de voitures.
Tu as une moto. → Tu n'as pas de moto.
Marc et Lora ont une maison. → Marc et Lora n'ont pas de maison.
Sophie a des stylos bleus. → Sophie n'a pas de stylos bleus.
Il a de grands sacs. → Il n'a pas de grands sacs.

3.

예쁜 아파트
Qu'est-ce qu'il y a ?
→ Il y a un appartement.
→ L'appartement est joli. / Il est joli.
→ Il y a un joli appartement.
→ C'est un joli appartement.

빨간색 자동차
Qu'est-ce qu'il y a ?
→ Il y a une voiture.
→ La voiture est rouge. / Elle est rouge.
→ Il y a une voiture rouge.
→ C'est une voiture rouge.

작은 가방
Qu'est-ce qu'il y a ?
→ Il y a un sac.
→ Le sac est petit. / Il est petit.
→ Il y a un petit sac.
→ C'est un petit sac.

4. Est-ce qu'il y a un balcon dans la maison ?
→ Non, il n'y a pas de balcon dans la maison.
→ Le balcon n'est pas dans la maison. / Il n'est pas dans la maison.

Est-ce qu'il y a une fenêtre dans la chambre ?

→ Oui, il y a une fenêtre dans la chambre.

→ La fenêtre est dans la chambre. / Elle est dans la chambre.

Leçon 8

1.
① Ce magasin est très grand.
② J'adore ce cinéma.
③ Cette église est très jolie.
④ Ces tables sont petites.
⑤ Ces musées sont magnifiques.
⑥ Ce café est bon.
⑦ J'aime beaucoup ce parc.
⑧ Cet hôtel est à côté du bar.
⑨ Ces appartements sont près du théâtre.
⑩ Cette librairie est près des maisons.

2. *Mon / Ma / Mes*
① Mon magasin est très grand.
② J'adore mon cinéma.
③ Mon église est très jolie.
④ Mes tables sont petites.
⑤ Mes musées sont magnifiques.
⑥ Mon café est bon.
⑦ J'aime beaucoup mon parc.
⑧ Mon hôtel est à côté du bar.
⑨ Mes appartements sont près du théâtre.
⑩ Ma librairie est près des maisons.

Ton / Ta / Tes
① Ton magasin est très grand.
② J'adore ton cinéma.
③ Ton église est très jolie.
④ Tes tables sont petites.
⑤ Tes musées sont magnifiques.
⑥ Ton café est bon.
⑦ J'aime beaucoup ton parc.
⑧ Ton hôtel est à côté du bar.
⑨ Tes appartements sont près du théâtre.
⑩ Ta librairie est près des maisons.

Son / Sa / Ses
① Son magasin est très grand.
② J'adore son cinéma.
③ Son église est très jolie.
④ Ses tables sont petites.
⑤ Ses musées sont magnifiques.
⑥ Son café est bon.
⑦ J'aime beaucoup son parc.
⑧ Son hôtel est à côté du bar.
⑨ Ses appartements sont près du théâtre.
⑩ Sa librairie est près des maisons.

Notre / Notre / Nos
① Notre magasin est très grand.
② J'adore notre cinéma.
③ Notre église est très jolie.
④ Nos tables sont petites.
⑤ Nos musées sont magnifiques.
⑥ Notre café est bon.
⑦ J'aime beaucoup notre parc.
⑧ Notre hôtel est à côté du bar.
⑨ Nos appartements sont près du théâtre.
⑩ Notre librairie est près des maisons.

Votre / Votre / Vos

① Votre magasin est très grand.
② J'adore votre cinéma.
③ Votre église est très jolie.
④ Vos tables sont petites.
⑤ Vos musées sont magnifiques.
⑥ Votre café est bon.
⑦ J'aime beaucoup votre parc.
⑧ Votre hôtel est à côté du bar.
⑨ Vos appartements sont près du théâtre.
⑩ Votre librairie est près des maisons.

Leur / Leur / Leurs

① Leur magasin est très grand.
② J'adore leur cinéma.
③ Leur église est très jolie.
④ Leurs tables sont petites.
⑤ Leurs musées sont magnifiques.
⑥ Leur café est bon.
⑦ J'aime beaucoup leur parc.
⑧ Leur hôtel est à côté du bar.
⑨ Leurs appartements sont près du théâtre.
⑩ Leur librairie est près des maisons.

Leçon 9

1.

커피 한 잔 주세요. → Je voudrais un café.
카페오레 한 잔 주세요. → Je voudrais un café au lait.
콜라 한 잔 주세요. → Je voudrais un coca.
차 한 잔 주세요. → Je voudrais un thé.
오렌지 주스 한 잔 주세요. → Je voudrais un jus d'orange.
과일 주스 한 잔 주세요. → Je voudrais un jus de fruits.

이 커피는 아주 맛있습니다. → Ce café est très bon.
이 맥주는 맛이 없습니다. → Cette bière n'est pas bonne.
이 핫초코는 맛있습니다. → Ce chocolat est bon.
이 과일 주스는 아주 맛있습니다. → Ce jus de fruits est très bon.

이 커피 아주 좋습니다. → J'aime beaucoup ce café.
이 커피 아주 좋습니다. (다른 표현) → J'adore ce café.

2.

Ce café est très bon.
J'adore ce café.
J'aime beaucoup ce café.
Il est bon ce café.
Il est bon ce chocolat chaud.

Cette bière est très bonne.
Je n'aime pas cette bière.
C'est bon.
Elle est bonne cette bière.

3.

Elle prend un café.
Ils prennent un thé.
Il prend un café au lait.

Tu prends un coca ?
Je prends un café.
Vous prenez un chocolat chaud ?

Elles prennent de l'eau.
Marie prend un jus de fruits ?
Marie et Laurent prennent un jus de pomme.
Sophie et Marie prennent une bière.

Nous prenons un jus d'orange.
Laurent prend un jus d'ananas.
Luc prend un jus de raisin.

4. Vous prenez du café ?
Ils prennent du chocolat chaud.
Tu prends de l'eau ?
Prenez-vous du jus de fruits ?
Nous prenons du jus de raisin.

Gérard prend du café au lait.
Nina prend du thé.
Je prends du jus d'orange.
Marc, Jean et Yohan prennent du coca ?
Est-ce que vous prenez de la bière ?

5. Vous prenez du café ?
Gérard prend du café au lait.
Ils prennent du chocolat chaud.
Nina prend du thé.
Tu prends de l'eau ?
Je prends du jus d'orange.
Prenez-vous du jus de fruits ?
Marc, Jean et Yohan prennent du coca ?
Nous prenons du jus de raisin.

→ Vous ne prenez pas de café ?
→ Gérard ne prend pas de café au lait.
→ Ils ne prennent pas de chocolat chaud.
→ Nina ne prend pas de thé.
→ Tu ne prends pas d'eau ?
→ Je ne prends pas de jus d'orange.
→ Ne prenez-vous pas de jus de fruits ?
→ Marc, Jean et Yohan ne prennent pas de coca ?
→ Nous ne prenons pas de jus de raisin.

Leçon 10

1. Comment allez-vous ?
Tu vas bien ?
Comment vas-tu ?
Sophie va bien ?
Elles vont bien.
Comment vont-ils ?
Vous allez à Séoul ?
Elle va à Pékin.
Ils vont à Tokyo.
Est-ce que vous allez à Rome ?
Thomas va à Inchon.
Nous allons à Madrid.

Vous allez bien ?
Je vais très bien.
Il va bien ?
Comment va Emilie ?
Comment vont Lora et Pauline ?
Ils vont très bien.
Je vais à Paris.
Nous allons à Lyon.
Tu vas à Busan ?
Je vais à Londres.
Elisa et Laurent vont à Marseille.
Je vais à Berlin.

2. Vous allez bien ?
→ Oui, je vais bien.
→ Non, je ne vais pas bien.

Luc va bien ?
→ Oui, Luc va bien.
→ Non, Luc ne va pas bien.

Elles vont bien ?
→ Oui, elles vont bien.
→ Non, elles ne vont pas bien.

Tu vas bien ?
→ Oui, je vais bien.
→ Non, je ne vais pas bien.

Vous allez à Versailles ?
→ Oui, je vais à Versailles.
→ Non, je ne vais pas à Versailles.

Corine va à Lyon ?
→ Oui, Corine va à Lyon.
→ Non, Corine ne va pas à Lyon.

Est-ce qu'ils vont à Paris ?
→ Oui, ils vont à Paris.
→ Non, ils ne vont pas à Paris.

3. Vous allez au restaurant ?
Ils vont au cinéma.
Je vais à l'hôtel.
Elles vont au supermarché.
Je vais au parc.
Nous allons au grand magasin.
Daniel va au bar.
Ils sont au cinéma.
Daniel est au bar.
Je suis au parc.
Ils sont aux Etats-Unis.
Vous êtes au restaurant ?
Vous êtes à la librairie.
Elles sont au supermarché.

Tu vas à l'école ?
Il va à la gare.
Nous allons à l'université.
Ils vont aux Etats-Unis.
Coline va au musée.
Vous allez à la librairie.
Nous sommes à l'université.
Coline est au musée.
Nous sommes au grand magasin.
Je suis à la boulangerie.
Tu es à l'école ?
Je suis à l'hôtel.
Vous êtes à la maison ?
Il est à la gare.

Leçon 11

1. (1) une personne
(2) deux personnes
(3) trois personnes
(4) quatre personnes
(5) cinq personnes
(6) six personnes
(7) sept personnes
(8) huit personnes
(9) neuf personnes
(10) dix personnes

2. (1) une chaise   (2) deux chaises   (3) trois chaises
(4) quatre chaises   (5) cinq chaises   (6) six chaises
(7) sept chaises   (8) huit chaises   (9) neuf chaises
(10) dix chaises

3. 이것은 얼마입니까?   → Combien ça coûte ?
(다른 표현)   → Ça coûte combien ?

이것은 1유로입니다.   → Ça coûte un euro.
이것은 3유로 20입니다.   → Ça coûte trois euros vingt.
이것은 5유로 45입니다.   → Ça coûte cinq euros quarante-cinq.
이것은 9유로 79입니다.   → Ça coûte neuf euros soixante-dix-neuf.
이것은 10유로 15입니다.   → Ça coûte dix euros quinze.

모두 합해서 얼마입니까?   → Combien ça fait ?
(다른 표현)   → Ça fait combien ?

모두 합해서 190유로 05입니다.   → Ça fait cent quatre-vingt-dix euros cinq.
모두 합해서 110유로 94입니다.   → Ça fait cent dix euros quatre-vingt-quatorze.
모두 합해서 210유로 86입니다.   → Ça fait deux cents dix euros quatre-vingt-six euros.
모두 합해서 211유로입니다.   → Ça fait deux cents onze euros.
모두 합해서 709유로입니다.   → Ça fait sept cents neuf euros.
모두 합해서 99유로 99입니다.   → Ça fait quatre-vingt-dix-neuf euros quatre-vingt-dix-neuf.

4. Quel âge avez-vous ?   → J'ai vingt-sept ans. (27)
Quel âge as-tu ?   → J'ai trente-deux ans. (32)
Quel âge a votre mère ?   → Elle a quarante et un ans. (41)
Quel âge a votre grand-père ?   → Il a quatre-vingt-six ans. (86)
Quel âge a ton cousin ?   → Il a trente-huit ans. (38)
Quel âge a ta tante ?   → Elle a trente ans. (30)
Quel âge a ton oncle ?   → Il a trente et un ans. (31)
Quel âge a votre sœur ?   → Elle a vingt-quatre ans. (24)
Quel âge a Pierre ?   → Il a quatorze ans. (14)

Leçon 12

1. 당신은 무엇을 하고 계십니까?   → Qu'est-ce que vous faites ?
그들은 무엇을 하고 있습니까?   → Qu'est-ce qu'ils font ?

나는 숙제를 하고 있습니다.	→ Je fais les devoirs
그녀들은 숙제를 하고 있습니다	→ Elles font les devoirs
너는 피아노를 치니?	→ Fais-tu du piano ?
그녀는 테니스를 칩니다.	→ Elle fait du tennis.
당신은 사이즈가 어떻게 되십니까?	→ Quelle taille faites-vous ?
나는 38 사이즈 입니다.	→ Je fais du 38.

2.

J'habite à Lyon.	→ Je vais habiter à Lyon.
Vous parlez français.	→ Vous allez parler français.
Tu aimes le sport.	→ Tu vas aimer le sport.
Bernard est gentil.	→ Bernard va être gentil.
Elle prend un café.	→ Elle va prendre un café.
Nous allons à l'école.	→ Nous allons aller à l'école.
Patrick est à Marseille.	→ Patrick va être à Marseille.
Je fais les devoirs.	→ Je vais faire les devoirs.
Ils regardent la télévision.	→ Ils vont regarder la télévision.
Nina et Jin habitent à Tokyo.	→ Nina et Jin vont habiter à Tokyo.
Vous faites du sport.	→ Vous allez faire du sport.

3.

Vous pouvez parler japonais ?	→ Oui, je peux parler japonais.
	→ Non, je ne peux pas parler japonais.
Vous pouvez faire les devoirs ?	→ Oui, je peux faire les devoirs.
	→ Non, je ne peux pas faire les devoirs.
Je peux payer par carte bleue ?	→ Oui, vous pouvez payer par carte bleue.
	→ Non, vous ne pouvez pas payer par carte bleue.
Est-ce que je ne peux pas essayer ?	→ Si, vous pouvez essayer.
	→ Non, vous ne pouvez pas essayer.

4.

나는 프랑스어 하는 것을 좋아한다.	→ J'aime parler fraiçais.
나는 영어 하는 것을 좋아하지 않는다.	→ Je n'aime pas parler anglais.
그는 서울에 사는 것을 좋아합니까?	→ Il aime habiter à Séoul ?
우리는 파리에 사는 것을 좋아합니다.	→ Nous aimons habiter à Paris.
그들은 일본어 하기를 원합니다.	→ Ils veulent parler japonais.
나는 숙제 하기를 원합니다.	→ Je veux faire les devoirs.
당신은 파리에 가고 싶으십니까?	→ Voulez-vous aller à Paris ?
그들은 학교에 가는 것을 좋아하지 않습니다.	→ Ils n'aiment pas aller à l'école.

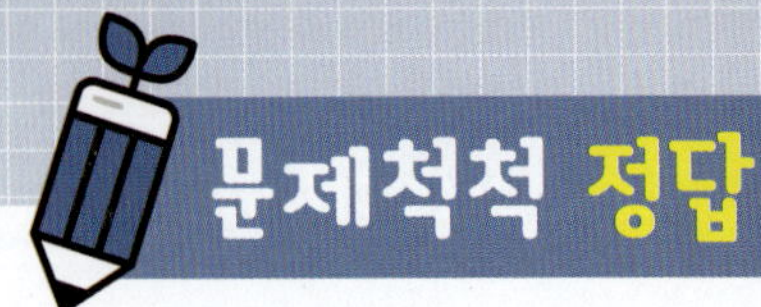

문제척척 정답

Leçon 13

1. Est-ce qu'il se repose ?
→ Oui, il se repose.
→ Non, il ne se repose pas.

Vous appelez-vous Marc ?
→ Oui, je m'appelle Marc.
→ Non, je ne m'appelle pas Marc.

Est-ce qu'elle s'appelle Lorie ?
→ Oui, elle s'appelle Lorie.
→ Non, elle ne s'appellent pas Lorie.

Te reposes-tu ?
→ Oui, je me repose.
→ Non, je ne me repose pas.

Est-ce que tu t'appelles Jean ?
→ Oui, je m'appelle Jean.
→ Non, je ne m'appelle pas Jean.

2. Je ne prends pas le petit déjeuner.
Il prend le petit déjeuner à la maison.
Vous prenez le petit déjeuner ?

Tu prends le déjeuner.
Nous prenons le petit déjeuner.
Elles prennent le petit déjeuner.

Je prends le déjeuner à l'école.
Elle prend le déjeuner.
Vous prenez le déjeuner.

Prends-tu le déjeuner à l'université ?
Nous prenons le déjeuner.
Ils prennent le déjeuner.

Je déjeune dans ce café.
Il veut déjeuner ?
Vous voulez déjeuner avec moi ?

Tu déjeunes ici ?
Nous ne voulons pas déjeuner.
Déjeunent-elles ensemble ?

Je prends le dîner à la maison
Noémie prend le dîner au restaurant.
Prenez-vous le dîner à l'hôtel ?

Prends-tu le dîner à l'université ?
Nous ne voulons pas prendre le dîner.
Est-ce qu'ils prennent le dîner ensemble.

Je dîne au restautant.
Il dîne au bureau.
Vous ne voulez pas dîner dans ce restaurant ?

Tu dînes avec Joseph ?
Nous voulons dîner ensemble.
Ils dînent ensemble.

3. Est-ce que vous prenez le petit déjeuner ?
→ Oui, je prends le petit déjeuner.
→ Non, je ne prends pas le petit déjeuner.

Est-ce que David prend le petit déjeuner ?
→ Oui, David prend le petit déjeuner.
→ Non, David ne prend pas le petit déjeuner.

Tu déjeunes à l'école ?   → Oui, je déjeune à l'école.
                           → Non, je ne déjeune pas à l'école.

On déjeune ensemble ?   → Oui, on déjeune ensemble.
                           → Non, on ne déjeune pas ensemble.

Sophie dîne avec Laurent ? → Oui, Sophie dîne avec Laurent.
                           → Non, Sophie ne dîne pas avec Laurent.

Fred prend le déjeuner ?   → Oui, Fred prend le déjeuner.
                           → Non, Fred ne prend pas le déjeuner.

Leçon 14

1.

Tout le monde	Toute la soirée	Tous les jours
Tous les appartements	Tout le week-end	Toutes les voitures
Toutes les maisons	Toute la journée	Toutes les filles

Tous les jours, je vais au café   Tous les appartements sont confortables
Je fais du sport tout le week-end   Je vais être à la maison toute la soirée
Tout le monde aime la musique   Tous les maisons sont belles
Je veux toutes les voitures   Je suis à l'école toute la journée

2.

Regardez !	Regardons !	Regarde !
Ecoutez !	Ecoutons !	Ecoute !
Entrez !	Entrons !	Entre !
Essayez !	Essayons !	Essaie !
Parlez !	Parlons !	Parle !
Prenez !	Prenons !	Prends !
Faites !	Faisons !	Fais !
Allez !	Allons !	Va !
Venez !	Venons !	Viens !
Attendez !	Attendons !	Attends !
Passez !	Passons !	Passe !
Rentrez !	Rentrons !	Rentre !

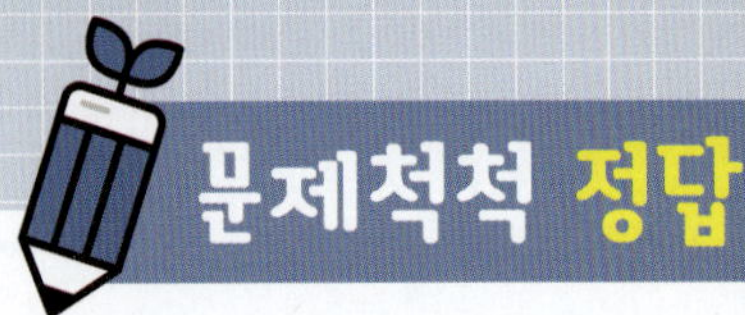

문제척척 정답

1. 나는 서울에 간다. → Je vais à Séoul.
나는 서울에서 산다. → J'habite à Séoul.
나는 서울에서 왔다. → Je viens de Séoul.
나는 서울을 좋아한다. → J'aime Séoul.
서울은 매우 크다. → Séoul est grand.

2. 나는 한국에 살 수 있다. → Je peux habiter en Corée.
나는 한국에 살 수 없다. → Je ne peux pas habiter en Corée.
당신은 한국에 살 수 있습니까? → Pouvez-vous habiter en Corée ?
나는 한국에 살아야 합니다. → Je dois habiter en Corée.
나는 한국에 살지 말아야 합니다. → Je ne dois pas habiter en Corée.
당신은 한국에 살아야 합니까? → Devez-vous habiter en Corée ?
나는 한국에 살 것입니다. → Je vais habiter en Corée.
나는 한국에 살지 않을 것입니다. → Je ne vais pas habiter en Corée.
당신은 한국에 살 것입니까? → Allez-vous habiter en Corée ?

3. 월요일 → Lundi 화요일 → Mardi
수요일 → Mercredi 목요일 → Jeudi
금요일 → Vendredi 토요일 → Samedi
일요일 → Dimanche 일주일 → Une semaine

월요일은 회사에 간다. → Lundi, je vais au travail.
화요일은 운동을 한다. → Mardi, je fais du sport.
수요일은 Marie와 레스토랑에 간다. → Mercredi, je vais au restaurant avec Marie.
목요일은 Laurent과 요리를 한다. → Jeudi, je fais de la cuisine avec Laurent.
금요일은 쇼핑을 한다. → Vendredi, je fais du shopping.
토요일은 쉰다. → Samedi, je me repose.
일요일은 교회에 간다. → Dimanche, je vais à l'église.

당신은 바다가 보이십니까? → Voyez-vous la mer ?
네, 바다가 보입니다. → Oui, je vois la mer.
아니요, 바다가 보이지 않습니다. → Non, je ne vois pas la mer.

당신은 아무것도 하지 않습니까? → Ne faites-vous rien ?
나는 아무것도 원하지 않습니다. → Je ne veux rien.
우리는 아무것도 가진 것이 없습니다. → On n'a rien.
그들은 아무도 아닙니다. → Ils ne sont rien.

Leçon 16

1. Il fait ses devoirs.
→ Tous les jours, il fait ses devoirs. (매일)
→ Souvent, il fait ses devoirs. (자주)
→ De temps en temps, il fait ses devoirs. (가끔)
→ Il ne fait jamais ses devoirs. (절대로)

Vous faites du roller ?
→ Tous les jours, vous faites du roller ? (매일)
→ Souvent, vous faites du roller ? (자주)
→ De temps en temps, vous faites du roller ? (가끔)
→ Vous ne faites jamais de roller ? (절대로)

Elle travaille.
→ Tous les jours, elle travaille. (매일)
→ Souvent, elle travaille. (자주)
→ De temps en temps, elle travaille. (가끔)
→ Elle ne travaille jamais (절대로)

2. Quelle pizza prenez-vous ?
Quel café désirez-vous ?
Quels stylos veux-tu ?
Quel est votre numéro de téléphone ?
Quelles sont les clés de la maison ?
Quel sac prends-tu ?
Quelles tables voulez-vous ?
Quelle table voulez-vous ?
Quels sont vos loisirs ?

→ Quel âge avez-vous ?
→ Quelles langues parlez-vous ?
→ Quel est le sac de Julie ?
→ Quelles sont vos voitures ?
→ Quelle est la voiture de Marc ?
→ Quelle voiture aimez-vous ?
→ Quelle est votre adresse email ?
→ Quels livres lisez-vous ?
→ Quels sont les livres de Sophie ?

3. 당신은 무엇을 하고 있습니까?
→ Qu'est-ce que vous faites ?
→ Que faites-vous ?

너는 무엇을 먹고 있어?
→ Qu'est-ce que tu manges ?
→ Que manges-tu ?

그는 무엇을 원합니까?
→ Qu'est-ce qu'il veut ?
→ Que veut-il ?

그녀는 무엇을 보고 있습니까?
→ Qu'est-ce qu'elle regarde ?
→ Que regarde-t-elle ?

우리는 무엇을 좋아합니까?
→ Qu'est-ce que nous aimons ?
→ Qu'aimons-nous ?

너희들은 무엇을 하고 싶니?
→ Qu'est-ce que vous voulez faire ?
→ Que voulez-vous faire ?

그들은 무엇을 해야 합니까?　　　→ Qu'est-ce qu'ils doivent faire ?

　　　　　　　　　　　　　　　　→ Que doivent-ils faire ?

4. Est-ce que vous aimez le sport ?　　→ Oui, j'aime le sport.

　　　　　　　　　　　　　　　　　　→ Non, je n'aime pas le sport.

Aimez-vous le bricolage ?　　　　　→ Oui, j'aime le bricolage.

　　　　　　　　　　　　　　　　　→ Non, je n'aime pas le bricolage.

Est-ce que tu aimes les voyages ?　→ Oui, j'aime les voyages.

　　　　　　　　　　　　　　　　　→ Non, je n'aime pas les voyages.

Est-ce qu'elle aime la lecture ?　　→ Oui, elle aime la lecture.

　　　　　　　　　　　　　　　　　→ Non, elle n'aime pas la lecture.

Est-ce qu'il aime la musique ?　　　→ Oui, il aime la musique.

　　　　　　　　　　　　　　　　　→ Non, il n'aime pas la musique.

Leçon 17

1. Je pars　　　　　Nous partons

Tu pars　　　　　Vous partez

Il part　　　　　Ils partent

Elle part　　　　Elles partent

2. 당신은 어디에 있습니까?　　　→ Où êtes-vous ?

우리는 스페인에 휴가 중입니다.　→ Nous sommes en vacances en Espagne.

Patrick은 어디에서 삽니까?　　→ Où habite Patrick ?

그는 이탈리아에서 삽니다.　　　→ Il habite en Italie.

그들은 어디에 있습니까?　　　　→ Où sont-ils ?

그녀들은 학교에 있습니다.　　　→ Elles sont à l'école.

3. Je connais　　　　Nous connaissons

Tu connais　　　　Vous connaissez

Il connaît　　　　Ils connaissent

Elle connaît　　　Elles connaissent

4. Je connais Olivier.

Ils ne savent pas faire.

Vous connaissez cette école ?

Nous connaissons la France.

Tu connais Sandrine ?

Vous connaissez Bi ?

Elle connaît bien Paris.

Vous savez faire la cuisine ?

Tu sais nager ?

Je sais parler coréen.

Elle sait bien chanter.

Nous ne savons pas jouer au footbal.

5. 이것은 너를 위한 거야. → C'est pour toi.

이것은 Amandine을 위한 선물입니다. → C'est un cadeau pour Amandine.

나는 아침식사를 하기 위해 카페에 갑니다. → Je vais au café pour prendre le petit-déjeuner.

나는 봄을 좋아합니다. → J'aime le printemps.

David는 여름을 좋아하지 않습니다. → David n'aime pas l'été.

Olivier는 가을을 매우 좋아합니다. → Olivier aime beaucoup l'automne.

나는 더 이상 프랑스에 살지 않습니다 . → Je n'habite plus en France.

너는 더 이상 운동을 하지 않니? → Tu ne fais plus de sport ?

당신은 더 이상 영화를 좋아하지 않습니까? → Vous n'aimez plus le cinéma ?

그들은 더 이상 텔레비전을 보지 않습니다. → Ils ne regardent plus la télévision.

Leçon 18

1. 몇 시입니까? → Quelle heure est-il ?

시계 있으십니까? → Avez-vous l'heure ?

시계 있니? → As-tu l'heure ?

2. 07:00 → Il est sept heures

07:30 → Il est sept heures trente

07:55 → Il est sept heures cinquante-cinq

12:00 → Il est midi

07:05 → Il est sept heures cinq

07:15 → Il est sept heures et quart

07:45 → Il est sept heures quarante-cinq

00:00 → Il est minuit

3. 언제 당신은 학교에 가십니까? → Quand allez-vous à l'école ?

Pierre는 언제 사무실로 가나요? → Quand est-ce que Pierre va au bureau ?

Sophie는 언제 운동하러 가나요? → Quand est-ce que Sophie va faire du sport ?

우리 언제 만날까? → Quand est-ce qu'on se voit ?

우리 몇 시에 만날까? → A quelle heure est-ce qu'on se voit ?

내일 오후 3시에 만나자. → On se voit demain à 3 heures de l'après-midi.

너는 언제 올 수 있니? → Quand peux-tu venir ?

너는 몇 시에 올 수 있니? → A quelle heure peux-tu venir ?

나는 11시쯤에 올 수 있어. → Je peux venir vers 11 heures.

4. 나는 늦게 왔습니다. → Je suis venu en retard.
나는 시간에 맞추어서 왔습니다. → Je suis venu à l'heure.
나는 이르게 왔습니다. → Je suis venu en avance.

그녀는 늦게 올 것입니다. → Elle va venir en retard.
그녀는 시간에 맞추어서 올 것입니다. → Elle va venir à l'heure.
그녀는 이르게 올 것입니다. → Elle va venir en avance.

당신은 추우세요? → Avez-vous froid ?
네, 나는 춥습니다. → Oui, j'ai froid.
아니요, 나는 춥지 않습니다. → Non, je n'ai pas froid.

당신은 춥지 않으세요? → N'avez-vous pas froid ?
아니요, 나는 춥습니다. → Si, j'ai froid.
네, 나는 춥지 않습니다. → Non, je n'ai pas froid.

1년 → un an	2년 → deux ans	3년 → trois ans
1달 → un mois	6달 → six mois	12달 → douze mois
1주일 → une semaine	4주일 → quatre semaines	8주일 → huit semaines
1일 → un jour	7일 → sept jours	365일 → trois cent soixante-cinq jours

Leçon 19

1. 나는 버스를 탄다. → Je prends le bus.
나는 지하철을 탄다. → Je prends le métro.
나는 기차를 탄다. → Je prends le train.
너는 버스를 타야 해. → Tu dois prendre le bus.
그는 지하철을 탈 수 없어. → Il ne peux pas prendre le métro.
우리는 기차를 타고 싶습니다. → Nous voulons prendre le train.
당신은 비행기를 타십니까? → Prenez-vous l'avion ?
그녀는 택시를 타고 싶지 않습니다. → Elle ne veut pas prendre le taxi.
그들은 자전거를 탈 것입니다. → Ils vont prendre le vélo.
너는 학교에 어떻게 오니? → Comment viens-tu à l'école ?
당신은 사무실에 어떻게 가십니까? → Comment allez-vous au bureau ?
우리는 어떻게 가나요? → Comment allons-nous ?
당신은 택시로 오실 것입니까? → Vous allez venir en taxi ?
그들은 자동차를 타고 올 것입니다. → Ils vont venir en voiture.

2. Tu rentres en bus ? → Oui, je rentre en bus.
→ Non, je ne rentre pas en bus.

On prend le métro ?

→ Oui, on prend le métro.
→ Non, on ne prend pas le metro.

Je peux prendre la voiture ?

→ Oui, tu peux prendre la voiture.
→ Non, tu ne peux pas prendre la voiture.

Est-ce que vous aimez prendre le bus ?

→ Oui, j'aime prendre le bus.
→ Non, je n'aime pas prendre le bus.

Est-ce que vous voulez partir en avion ?

→ Oui, je veux partir en avion.
→ Non, je ne veux pas partir en avion.

3.
21/10/2007 → Le vingt et un octobre deux mille sept
20/06/2002 → Le vingt juin deux mille deux
01/06/2000 → Le premier juin deux mille
11/05/1985 → Le onze mai mille neuf cent quatre-vingt-cinq
12/02/2003 → Le douze fêvrier deux mille trois
07/03/1983 → Le sept mars mille neuf cent quatre-vingt-trois
22/12/1980 → Le vingt-deux décembre mille neuf cent quatre-vingts
09/01/1995 → Le neuf janvier mille neuf cent quatre-vingt-dix-neuf
27/08/2004 → Le vingt-sept août deux mille quatre
16/04/2005 → Le seize avril deux mille cinq
01/11/2008 → Le premier novembre deux mille huit
26/07/2001 → Le vingt-six juillet deux mille un

Leçon 20

1. soir / chambre / Je / une / ce / voudrais / pour
→ Je voudrais une chambre pour ce soir.

pour / Je / une / voudrais / nuit / chambre / une
→ Je voudrais une chambre pour une nuit.

pour / juillet / le / chambre / 17 / Je / voudrais / une
→ Je voudrais une chambre pour le 17 juillet.

Eiffel / visiter / Je / Tour / voudrais / la
→ Je voudrais visiter la Tour Eiffel.

voudrais / France / en / partir / Je
→ Je voudrais partir en France.

au / Orsay / d' / musée / Je / aller / voudrais
→ **Je voudrais aller au musée d'Orsay**

aller / billet / simple / Je / un / voudrais
→ **Je voudrais un billet aller simple**

photos / des / Je / prendre / voudrais
→ **Je voudrais prendre des photos**

? / café / Est-ce que / avoir / je / s'il vous plaît / peux / un
→ **Est-ce que je peux avoir un café ?**

Est-ce que / je / bain / peux / serviettes / ? / avoir / de / des
→ **Est-ce que je peux avoir des serviettes de bain ?**

stylo / prêter / Est-ce que / peux / un / tu / me / ?
→ **Est-ce que tu peux me prêter un stylo ?**

prêter / Est-ce que / ? / vélo / tu / ton / peux / me
→ **Est-ce que tu me prêter ton vélo ?**

aider / ? / Est-ce que / pouvez / vous / m'
→ **Est-ce que vous pouvez m'aider ?**

vous / répéter / pouvez / Est-ce que / ?
→ **Est-ce que vous pouvez répéter ?**

2. Combien de nuits allez-vous rester ?   → Je vais rester une nuit.
Combien de jours allez-vous rester en France ?   → On va rester 10 jours.
Combien de personnes viennent chez vous ?   → 4 personnes viennent chez moi.
Qu'est-ce que tu veux faire aujourd'hui ?   → Je voudrais aller aux Champs-Elysées.

3. Je voudrais visiter l'avenue des Champs-Elysées.
Je voudrais aller à la Tour Eiffel.
Je voudrais visiter le musée du Louvre.
Je voudrais visiter le Louvre.
Je voudrais aller à l'avenue des Champs-Elysées.
Je voudrais visiter les Champs-Elysées.
Je voudrais visiter le jardin des Tuileries.
Je voudrais aller au musée du Louvre.
Je voudrais aller au Louvre.
Je voudrais visiter la place de la Concorde.
Je voudrais aller au jardin des Tuileries.

Je voudrais visiter les Versailles.
Je voudrais aller à la place de la Concorde.
Je voudrais aller aux Versailles.
Je voudrais visiter la Tour Eiffel.

4. 옷 → Les vêtements   코트 → Un manteau   자켓 → Une veste
스웨터 → Un pull   셔츠 → Une chemise   티셔츠 → Un t-shirt
원피스 → Une robe   바지 → Un pantalon   치마 → Une jupe
청바지 → Un jean   양복 → Un costume   양말 → Des chaussettes
신발 → Des chaussures   샌들 → Des sandales   부츠 → Des bottes
액세서리 → Des accessoires   넥타이 → Une cravate   벨트 → Une ceinture
손수건 → Un mouchoir   스카프 → Un foulard   우산 → Un parapluie
모자 → Un chapeau   목걸이 → Un collier   반지 → Une bague
팔찌 → Un bracelet   귀걸이 → Des boucles d'oreilles

memo

워크북

가장 쉬운 독학

프랑스어 첫걸음

별책부록

워크북

동양북스

차례

L'introduction

1 받아쓰기 (Dictée) 🎧 MP3 01_06

1.

2.

3.

4.

5.

6.

7.

8.

9.

10.

11.

12.

13.

14.

15.

16.

17.

18.

19.

20.

L'identité

1 프랑스어 인칭을 써 보세요.

나	→		우리들	→
너	→		당신, 너희들	→
그	→		그들	→
그녀	→		그녀들	→

2 직업을 남성형, 여성형으로 써 보세요.

직업	남성형	여성형
학생	→	→
요리사	→	→
회사원	→	→
제빵사	→	→
음악가	→	→
웨이터	→	→
정비사	→	→
화가	→	→
댄서	→	→
기자	→	→
판매원	→	→
선생님	→	→
농부	→	→
의사	→	→
배우	→	→
공무원	→	→

3 모든 인칭으로 '음악가이다'라고 써 보세요.

남성	여성
Je suis musicien.	Je suis musicienne.
Tu _______________________	Tu _______________________
Il _______________________	Elle _______________________
Nous _______________________	Nous _______________________
Vous _______________________	Vous _______________________
Vous _______________________	Vous _______________________
Ils_______________________	Elles _______________________

4 국적을 남성형, 여성형으로 써 보세요.

국적	남성형	여성형
한국인	→	→
프랑스인	→	→
중국인	→	→
일본인	→	→
미국인	→	→
영국인	→	→
이탈리아인	→	→
스페인인	→	→

La présentation

1 모든 인칭으로 '프랑스어를 한다'와 '한국어를 한다'라고 써 보세요.

parler français	parler coréen

Je parle français.

Tu ____________________

Il ____________________

Elle ____________________

Nous ____________________

Vous ____________________

Ils ____________________

Elles ____________________

Je parle coréen.

Tu ____________________

Il ____________________

Elle ____________________

Nous ____________________

Vous ____________________

Ils ____________________

Elles ____________________

2 모든 인칭으로 '파리에 산다'와 '서울에 산다'라고 써 보세요.

habiter à Paris	habiter à Séoul

J'habite à Paris.

Tu ____________________

Il ____________________

Elle ____________________

Nous ____________________

Vous ____________________

Ils ____________________

Elles ____________________

J'habite à Séoul.

Tu ____________________

Il ____________________

Elle ____________________

Nous ____________________

Vous ____________________

Ils ____________________

Elles ____________________

3 모든 인칭으로 '나는 일본인이 아니다'를 말해 보세요.

Je ___________________________   Tu ___________________________

Il ___________________________   Elle ___________________________

Nous ___________________________   Vous ___________________________

Ils ___________________________   Elles ___________________________

4 모든 인칭으로 '나는 서울에 살지 않는다'를 말해 보세요.

Je ___________________________   Tu ___________________________

Il ___________________________   Elle ___________________________

Nous ___________________________   Vous ___________________________

Ils ___________________________   Elles ___________________________

1. Je ne suis pas étudiante. →
2. Tu n'es pas boulanger. →
3. Il n'est pas professeur. →
4. Elle n'est pas médecin. →
5. Nous ne sommes pas peintres. →
6. Vous n'êtes pas journalistes. →
7. Ils ne sont pas vendeurs. →
8. Elles ne sont pas musiciennes. →

Le goût

1 모든 인칭으로 '독서를 좋아한다'와 '독서를 싫어한다'라고 써 보세요.

aimer la lecture (긍정문)	aimer la lecture (부정문)
J'aime la lecture.	Je n'aime pas la lecture.
Tu _________________	Tu _________________
Il _________________	Il _________________
Elle _________________	Elle _________________
Nous _________________	Nous _________________
Vous _________________	Vous _________________
Ils _________________	Ils _________________
Elles _________________	Elles _________________

2 ～영화 / ～음악 표현을 써 보세요.

한국영화	→ _____________	영국음악	→ _____________
한국음악	→ _____________	중국영화	→ _____________
프랑스영화	→ _____________	중국음악	→ _____________
프랑스음악	→ _____________	일본영화	→ _____________
미국영화	→ _____________	일본음악	→ _____________
미국음악	→ _____________	이탈리아영화	→ _____________
영국영화	→ _____________	이탈리아음악	→ _____________

3 다음의 대답의 질문을 적어 보세요.

1.   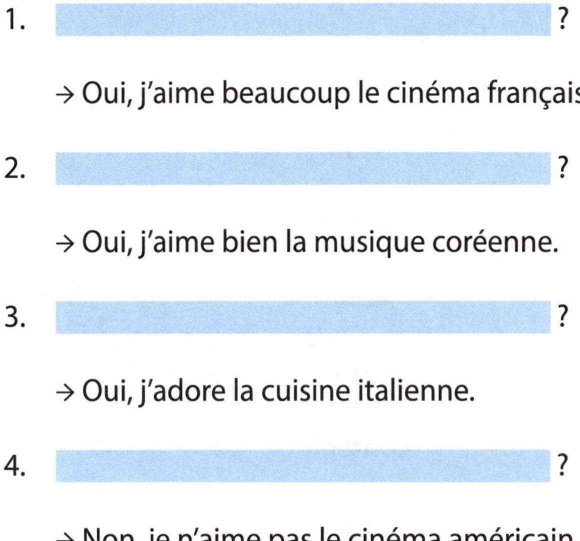 ?

   → Oui, j'aime beaucoup le cinéma français.

2.   ?

   → Oui, j'aime bien la musique coréenne.

3.   ?

   → Oui, j'adore la cuisine italienne.

4.   ?

   → Non, je n'aime pas le cinéma américain.

L'accord

1 다음의 형용사들의 여성형을 적어 보세요.

남성형	여성형	남성형	여성형
gentil	→	joli	→
intelligent	→	beau	→
mauvais	→	mince	→
généreux	→	jeune	→
sérieux	→	âgé	→
sociable	→	content	→
honnête	→	triste	→
aimable	→	heureux	→
sympa	→	malheureux	→
grand	→	amoureux	→
petit	→		

2 형용사의 일치에 주의하며, 모든 인칭으로 써 보세요.

남성	여성
Je suis petit.	Je suis ______________________
Tu es ______________________	Tu es ______________________
Il est ______________________	Elle est ______________________
Nous sommes ______________	Nous sommes ______________
Vous êtes ________________	Vous êtes ________________
Vous êtes ________________	Vous êtes ________________
Ils sont ______________________	Elles sont ______________________

남성	여성
Je suis triste.	Je suis ______________________
Tu es ______________________	Tu es ______________________
Il est ______________________	Elle est ______________________
Nous sommes ______________	Nous sommes ______________
Vous êtes ________________	Vous êtes ________________
Vous êtes ________________	Vous êtes ________________
Ils sont ______________________	Elles sont ______________________

남성	여성
Je suis heureux.	Je suis _______________________
Tu es _______________________	Tu es _______________________
Il est _______________________	Elle est _______________________
Nous sommes _______________	Nous sommes _______________
Vous êtes _________________	Vous êtes _________________
Vous êtes _________________	Vous êtes _________________
Ils sont _________________	Elles sont _________________

Les présentatifs

1 알맞은 부정관사를 써 보세요.

1. _________ stylo   _________ règle   _________ crayons

2. _________ gommes   _________ livre   _________ cahiers

3. _________ sac   _________ clé   _________ portefeuille

4. _________ stylos   _________ règles   _________ crayon

5. _________ gomme   _________ livres   _________ cahier

6. _________ sacs   _________ clés   _________ portefeuilles

7. _________ téléphone portable   _________ téléphones portables

2 다음 문장을 프랑스어로 번역해 보세요.

1. 이것이 무엇입니까? →

2. 이것은 볼펜입니다. →

3. 이것은 연필입니다. →

4. 이것은 지우개입니다. →

5. 이것은 책입니다. →

6. 이것은 가방입니다. →

7. 이것은 열쇠입니다. →

8. 이것은 지갑입니다. →

9. 이것은 핸드폰입니다. →

3 다음의 문장들을 단수로 바꿔 보세요.

1. Ce sont des cahiers. →
2. Ce sont des clés. →
3. Ce sont des gommes. →
4. Ce sont des règles. →
5. Ce sont des stylos. →
6. Ce ne sont pas des sacs. →
7. Ce ne sont pas des portefeuilles. →

4 프랑스어로 바꾸어 보세요.

1. 파란색 볼펜 → ________________	파란색 열쇠 → ________________
2. 노란색 자 → ________________	노란색 연필 → ________________
3. 하얀색 지우개 → ________________	하얀색 가방 → ________________
4. 빨간색 연필 → ________________	빨간색 자 → ________________
5. 검정색 가방들 → ________________	검정색 볼펜들 → ________________
6. 하얀색 지갑들 → ________________	하얀색 열쇠들 → ________________
7. 초록색 책들 → ________________	초록색 핸드폰들 → ________________

5 다음의 질문들에 답해 보세요.

1. Est-ce que c'est une gomme bleue ?

   → Oui,

   → Non,

2. Est-ce que ce sont des portefeuilles jaunes ?

   → Oui,

   → Non,

3. C'est grand ?

   → Oui,

   → Non,

4. C'est petit ?

   → Oui,

   → Non,

5. Est-ce que c'est bien ?

   → Oui,

   → Non,

6. Est-ce que c'est sympa ?

   → Oui,

   → Non,

6 두 문장을 합쳐 보세요.

1. C'est un stylo + C'est rouge   = C'est un stylo rouge.

2. C'est un crayon + C'est bleu   =

3. C'est une gomme + C'est blanc   =

4. C'est un livre + C'est petit   =

5. C'est un cahier + C'est grand   =

6. C'est une clé + C'est joli   =

7 다음 문장을 프랑스어로 번역해 보세요.

1. 이 볼펜은 예쁩니다. 그것은 예쁩니다.

→

2. 이 집은 작습니다. 그것은 작습니다.

→

3. 이 핸드폰들은 예쁩니다. 이것들은 예쁩니다.

→

4. 이 자동차들은 예쁩니다. 이것들은 예쁩니다.

→

La possession

1 소유 표현을 해 보세요.

소유물	나는 …를 가지고 있다	당신은 …를 가지고 있다
maison	J'ai une maison.	__________________
appartement	__________________	__________________
voiture	__________________	__________________
moto	__________________	__________________
vélos	__________________	__________________
stylos	__________________	__________________
stylos rouges	__________________	__________________
gomme	__________________	__________________

소유물	그는 …를 가지고 있다	그들은 …를 가지고 있다
maison	__________________	__________________
appartement	__________________	__________________
voiture	__________________	__________________
moto	__________________	__________________
vélo	__________________	__________________
stylo	__________________	__________________
stylo rouge	__________________	__________________
gomme	__________________	__________________

2 다음의 문장들을 긍정문으로 만들어 보세요.

1. Tu n'as pas de moto. →

2. Il n'a pas de grand sac. →

3. Rémi n'a pas de vélos. →

4. Elles n'ont pas d'appartements. →

5. Nous n'avons pas de voiture. →

6. Marc et Lora n'ont pas de maison. →

7. Sophie n'a pas de stylos bleus. →

3 다음의 질문에 대답해 보세요.

1. Qu'est-ce qu'il y a dans la maison ?

    →

2. Qu'est-ce qu'il y a dans l'appartement ?

    →

3. Qu'est-ce qu'il y a dans la chambre ?

    →

4. Qu'est-ce qu'il y a dans le salon ?

    →

La ville

1 단어를 프랑스어로 써 보세요.

레스토랑	→		카페	→
술집	→		길	→
공원	→		호텔	→
백화점	→		슈퍼마켓	→
경찰서	→		시청	→
박물관	→		학교	→
약국	→		병원	→
중학교	→		고등학교	→
대학교	→		빵집	→
아파트	→		교회	→
버스정류장	→		지하철역	→
역	→		영화관	→
극장	→		가게	→
옷가게	→		서점	→

2 빈칸을 알맞게 채워 보세요. (du / de la / de l' / des / le / la / les)

1. Le restaurant est loin ____________ gare.

2. Les musées sont loin ____________ pharmacie.

3. Le parc est loin __________ hôtel.

4. Le magasin est loin ____________ cinéma.

5. L'église est loin __________ magasins.

6. Les musées sont près ____________ hôpital.

7. Le café est près __________ université.

8. Les appartements sont près ____________ théâtre.

9. La librairie est près ____________ maisons.

10. Le cinéma est à côté ____________ rue.

11. Le parc est à côté ____________ hôtel.

12. Le supermarché est à côté ____________ bar.

13. La gare est à côté ____________ maisons.

14. Le restaurant est devant ____________ gare.

15. Les boutiques sont devant ____________ université.

16. Le musée est devant ____________ école.

17. Le parc est devant ____________ maisons.

18. L'université derrière ____________ station de métro.

19. La voiture est derrière ____________ université.

20. Le magasin est derrière ____________ cinéma.

3 보기와 같이 다음의 질문들에 답해 보세요.

Le restaurant est loin de la gare ?
→ Oui, le restaurant est loin de la gare.
→ Non, le restaurant n'est pas loin de la gare, il est près de la gare.

1. Est-ce que le parc est loin de l'hôtel ?

   → Oui,

   → Non,

2. Est-ce que le magasin est loin du cinéma ?

   → Oui,

   → Non,

3. La librairie est près des maisons ?

   → Oui,

   → Non,

4. Est-ce que le musée est devant l'école ?

   → Oui,

   → Non,

5. L'université est derrière la station de métro ?

   → Oui,

   → Non,

Commander

1 프랑스어로 번역해 보세요.

1. 당신은 커피 한 잔을 원하시나요? ?

2. 너는 커피 한 잔을 원하니? ?

3. 우리는 커피 한 잔을 원한다.

4. 그들은 커피 한 잔을 원한다.

5. 그녀들은 커피 한 잔을 원한다.

6. 맛있어요?

7. 맛있어요.

8. 맛이 없어요.

9. 아주 맛있어요.

   아주 맛있어요.(다른 표현)

10. 나는 커피를 마십니다.

11. 나는 커피를 마시지 않습니다.

12. 당신은 차를 마십니까?

13. 당신은 차를 마시지 않습니까?

14. 로랑(Laurent)은 콜라를 마십니다.

15. 그는 콜라를 마시지 않습니다.

1. 샐러드 → ______________________

2. 수프 → ______________________

3. 굴 → ______________________

4. 쇠고기 → ______________________

5. 돼지고기 → ______________________

6. 수탉 → ______________________

7. 송어 → ______________________

8. 해산물 → ______________________

9. 퐁뒤 → ______________________

10. 스테이크 → ______________________

11. 물 한 병 → ______________________

12. 오늘의 요리 → ______________________

파이 → ______________________

푸아그라 → ______________________

훈제 연어 → ______________________

송아지고기 → ______________________

닭고기 → ______________________

그라탕 → ______________________

라따뚜이 → ______________________

스파게티 → ______________________

피자 → ______________________

감자튀김 → ______________________

와인 한 병 → ______________________

Le lieu

1 다음의 문장을 프랑스어로 번역해 보세요.

1. 당신은 어디에 가십니까?

   →

2. 저는 학교에 가고 있습니다.

   →

3. 당신은 어디에 계십니까?

   →

4. 저는 집에 있습니다.

   →

5. 당신의 집은 어디에 있습니까?

   →

6. 저의 집은 서울에 있습니다.

   →

7. 그 레스토랑은 어디에 있습니까?

   →

8. 그 레스토랑은 박물관 앞에 있습니다.

   →

9. 슈퍼마켓이 어디에 있습니까?

   →

10. 슈퍼마켓은 카페 앞에 있습니다.

   →

 다음의 질문에 **Oui**와 **Non**으로 답해 보세요.

1. Vous allez à l'université ? → Oui,

→ Non,

2. Luc va au cinéma ? → Oui,

→ Non,

3. Tu vas aux Etats-Unis ? → Oui,

→ Non,

4. Vous allez au restaurant ? → Oui,

→ Non,

5. Corine est à la maison ? → Oui,

→ Non,

6. Est-ce qu'ils sont au parc ? → Oui,

→ Non,

Le prix

1 다음의 숫자들을 프랑스어로 써 보세요.

0	1	2	3	4
5	6	7	8	9
10	11	12	13	14
15	16	17	18	19
20	21	22	23	24
25	26	27	28	29
30	31	32	33	34
70	71	72	73	74
75	76	77	78	79
80	81	82	83	84
85	86	87	88	89
90	91	92	93	94
95	96	97	98	99
100	101	102	103	104
105	106	107	108	109
110	111	112	113	114
115	116	117	118	119
200	300	400	500	600
700	800	900	990	999

 프랑스어로 번역해 보세요.

1. 이것은 얼마입니까?

    →

    (1) 이것은 11유로 50입니다.   →

    (2) 이것은 12유로 69입니다.   →

    (3) 이것은 121유로입니다.   →

2. 모두 합해서 얼마입니까?

    →

    (1) 모두 합해서 7유로 75입니다.   →

    (2) 모두 합해서 36유로 87입니다.   →

    (3) 모두 합해서 90유로 08입니다.   →

3. 나이가 어떻게 되세요?   →

    (1) 20살입니다.   →

    (2) 25살이야.   →

Les verbes d'action

1 faire 동사를 이용해서 빈칸을 알맞게 채워 보세요.

1. Qu'est-ce que vous _______________ ?

2. Je _______________ les devoirs.

3. Elle _______________ du piano.

4. Pierre _______________ de la guitare.

5. Qu'est-ce que tu _______________ ?

6. Tu _______________ du tennis ?

7. Qu'est-ce qu'il _______________ ?

8. Quelle taille _______________ -vous ?

9. Je _______________ 36.

10. Est-ce que tu _______________ du piano ?

11. Lora _______________ du sport.

12. Qu'est-ce qu'ils _______________ ?

2 **pouvoir** 동사를 이용해서 빈칸을 알맞게 채워 보세요.

1. Vous ______________ parler français ?

2. Oui, je ______________.

3. Elle ______________ habiter à Séoul.

4. Ils ______________ prendre un café.

5. Nous ______________ aller à l'école.

6. Tu ______________ faire les devoirs ?

7. Je ______________ vous aider ?

8. ______________-elles regarder la télévision ?

9. Je ______________ essayer ?

10. ______________-nous payer par carte bleue ?

11. Martin ______________ avoir un thé ?

12. Isabelle et Corine ______________ parler coréen ?

 프랑스어로 번역해 보세요.

1. 당신은 한국말 하는 것을 좋아하십니까?

   →

2. 당신은 파리에 사는 것을 좋아합니까?

   →

3. 그는 부산에 가고 싶지 않습니다.

   →

4. 그녀는 서울에 살 수 없습니다.

   →

5. 우리는 학교에 갈 수 있습니다.

   →

6. 나는 학교에 가고 싶습니다.

   →

La famille et la maison

1 알맞은 재귀대명사를 넣어 보세요.

1. Je ______________ repose   Tu ______________ reposes

2. Il ______________ repose   Elle ______________ repose

3. Nous ______________ reposons   Vous ______________ reposez

4. Ils ______________ reposent   Elles ______________ reposent

5. Je ______________ appelle   Tu ______________ appelles

6. Il ______________ appelle   Elle ______________ appelle

7. Nous ______________ appelons   Vous ______________ appelez

8. Ils ______________ appellent   Elles ______________ appellent

2 다음의 대명동사들의 동사 변화를 해 보세요.

1. se présenter

Je ______________________   Nous ______________________

Tu ______________________   Vous ______________________

Il/Elle ______________________   Ils/Elles ______________________

2. se doucher

Je ______________________   Nous ______________________

Tu ______________________   Vous ______________________

Il/Elle ______________________   Ils/Elles ______________________

3 프랑스어로 써 보세요.

가족	→	....		
남편	→	....	부인	→ ....
아들	→	....	딸	→ ....
아이들	→	....	부모님	→ ....
아버지	→	....	아빠	→ ....
어머니	→	....	엄마	→ ....
할아버지	→	....	할머니	→ ....
남자형제	→	....	여자형제	→ ....
남동생	→	....	형, 오빠	→ ....
여동생	→	....	언니, 누나	→ ....
친척 (남자)	→	....	친척 (여자)	→ ....

La rencontre

1 다음의 문장들을 프랑스어로 번역해 보세요.

1. 저곳에 많은 자동차들이 있다.

   →

2. 저곳에 많은 집들이 있지는 않다.

   →

3. 서울에는 많은 아파트가 있다.

   →

4. 학교에는 많은 사람들이 있다.

   →

5. 서울에는 너무 많은 아파트가 있다.

   →

6. 오늘 저녁에는 너무 많은 사람들이 있다.

   →

7. 나는 너를 사랑해.

   →

8. 나는 당신을 사랑합니다.

   →

9. 당신은 나를 사랑합니다.

   →

10. 그는 우리를 사랑합니다.

   →

11. 그녀는 당신을 사랑합니다.

→

12. 우리는 그를 사랑합니다.

→

13. 우리는 그들을 사랑합니다.

→

14. 너는 나를 부른다.

→

15. 나는 너를 부른다.

→

16. 그녀는 그를 부른다.

→

17. 그는 그녀를 부른다.

→

18. 당신은 그를 부른다.

→

19. 나는 당신을 부른다.

→

20. 나는 너희들을 부른다.

→

21. 우리는 그들을 부른다.

→

A l'école

1 **venir** 동사 변화를 해 보세요.

Je _____________________________ Nous _____________________________

Tu _____________________________ Vous _____________________________

Il/Elle _____________________________ Ils/Elles _____________________________

2 **savoir** 동사 변화를 해 보세요.

Je _____________________________ Nous _____________________________

Tu _____________________________ Vous _____________________________

Il/Elle _____________________________ Ils/Elles _____________________________

3 **devoir** 동사 변화를 해 보세요.

Je _____________________________ Nous _____________________________

Tu _____________________________ Vous _____________________________

Il/Elle _____________________________ Ils/Elles _____________________________

4 **voir** 동사 변화를 해 보세요.

Je _____________________________ Nous _____________________________

Tu _____________________________ Vous _____________________________

Il/Elle _____________________________ Ils/Elles _____________________________

5 프랑스어로 번역해 보세요.

1. 나는 미국에 간다. →

2. 나는 미국에서 왔다. →

3. 나는 요리를 해야 한다. →

4. 나는 요리를 할 줄 안다. →

5. 학교 앞에서 만날까? →

6. 카페 앞에서 만나자. →

7. 우리는 아무것도 모릅니다. →

8. 나는 아무것도 보이지 않습니다. →

9. 월요일은 학교에 갑니다. →

10. 화요일은 사무실에 갑니다. →

11. 수요일은 숙제를 합니다. →

12. 목요일은 요리를 합니다. →

13. 금요일은 운동을 합니다. →

14. 토요일은 쇼핑을 합니다. →

15. 일요일은 쉽니다. →

Le loisir

1 프랑스어로 번역해 보세요.

1. 나는 결코 영화관에 가지 않는다. →

2. 그녀들은 절대로 고기를 먹지 않는다. →

3. 우리는 가끔 극장에 간다. →

4. 그들은 자주 서점에 간다. →

5. 당신은 매일 운동을 하십니까? →

2 다음의 문장을 4가지의 뉘앙스로 바꾸어 보세요.

1. Je prends le petit déjeuner.

→ (매일)

→ (자주)

→ (가끔)

→ (절대로)

2. Je regarde le football à la télévision.

→ (매일)

→ (자주)

→ (가끔)

→ (절대로)

3 다음의 질문에 **Oui**와 **Non**으로 답해 보세요.

1. Est-ce que vous aimez le sport ?

→ Oui,

→ Non,

2. Aimez-vous le bricolage ?

→ Oui,

→ Non,

4 프랑스어로 번역해 보세요.

1. 어떤 테이블로 원하시나요? →

2. 어떤 자동차가 Luc의 자동차입니까? →

3. Marie의 집의 열쇠가 어떤 것입니까? →

4. 그의 이메일 주소가 어떻게 됩니까? →

5. 어떤 책들을 읽으시나요? →

6. 취미가 어떻게 되십니까? →

7. 그는 사진을 열정적으로 좋아합니다. →

8. 그는 정원 가꾸는 것을 아주 좋아합니다. →

9. 그녀는 그림을 좋아합니다. →

10. 우리는 영화를 아주 좋아합니다. →

Les vacances

1 프랑스어로 바꾸어 보세요.

1. 당신은 어디로 떠나십니까?　→

2. 나는 바다로 휴가를 떠난다.　→

3. 당신은 어디에 가십니까?　→

4. 그는 어디에 갑니까?　→

5. 너는 어디에 있니?　→

2 connaître 동사 또는 savoir 동사로 채워 보세요.

1. Elle _______________ bien Paris.

2. Ils ne _______________ pas faire.

3. Vous _______________ faire la cuisine ?

4. Vous _______________ cette école ?

5. Tu _______________ nager ?

6. Nous _______________ la France.

7. Je _______________ parler coréen.

8. Tu _______________ Sandrine ?

9. Elle _______________ bien chanter.

10. Nous ne _______________ pas jouer au football.

3 프랑스어로 바꾸어 보세요.

1. 이것은 당신을 위한 것입니다.

   →

2. 나를 위해 프랑스어로 해 주세요.

   →

3. 나는 프랑스어를 배우기 위해 학교에 갑니다.

   →

4. 나는 봄에는 산책을 합니다.

   →

5. 이번 겨울에 스키를 타기 위해 산에 갑니다.

   →

6. 나는 더 이상 고기를 먹지 않습니다.

   →

7. 그는 더 이상 일을 하지 않습니다.

   →

4 프랑스어로 아프다는 표현을 적어 보세요.

1. 감기 걸렸다. →

2. 머리가 아프다. →

3. 눈(단수)이 아프다. →

4. 눈(복수)이 아프다. →

5. 무릎이 아프다. →

6. 등이 아프다. →

La journée

1 '〜시 입니다' 표현을 프랑스어로 써 보세요.

1. 05:10 →
2. 17:13 →
3. 12:20 →
4. 08:30 →
5. 19:40 →
6. 15:25 →
7. 09:45 →
8. 06:55 →
9. 18:50 →
10. 14:05 →

2 다음 문장을 프랑스어로 바꿔 보세요.

1. Sophie는 몇 시에 운동하러 갑니까?

   →

2. 그녀는 저녁 9시에 운동하러 갑니다.

   →

3. 당신은 언제 아침 식사를 하고 싶으십니까?

   →

4. 당신은 몇 시에 아침 식사를 하고 싶으십니까?

   →

5. 6시 30분에 아침 식사를 하고 싶습니다.

   →

3   날씨와 관련된 표현을 프랑스어로 써 보세요.

1.   날씨가 어떻습니까?   →

2.   날씨가 좋다.   →

3.   구름이 낀 날씨다.   →

4.   날씨가 덥다.   →

5.   날씨가 춥다.   →

6.   비가 온다.   →

7.   눈이 온다.   →

4   시간과 관련된 표현을 프랑스어로 써 보세요.

1.   당신은 시간에 맞춰서 왔습니다.   →

2.   당신은 늦게 왔습니다.   →

3.   나는 이르게 왔습니다.   →

4.   그는 늦게 올 것입니까?   →

5.   그는 이르게 올 것입니까?   →

6.   그는 시간에 맞춰서 올 것입니까?   →

Le transport

1 다음 문장을 프랑스어로 번역해 보세요.

1. 나는 비행기를 탄다.

   →

2. 너는 지하철로 집에 가니?

   →

3. 너는 집에 어떻게 가니?

   →

4. 나는 버스로 집에 갑니다.

   →

5. 우리는 기차로 갑니다.

   →

2 프랑스어로 달을 적어 보세요.

1월	→		2월	→	
3월	→		4월	→	
5월	→		6월	→	
7월	→		8월	→	
9월	→		10월	→	
11월	→		12월	→	

 프랑스어로 숫자를 써 보세요.

1000	→	1011	→
1012	→	1013	→
1014	→	1015	→
1016	→	1117	→
1118	→	1119	→
1120	→	1901	→
1999	→	2000	→
3000	→	4000	→
5000	→	10000	→
70000	→	12345	→
100000	→	1000000	→
10000000	→	100000000	→
1000000000	→		

Le voyage

1 다음의 문장들을 프랑스어로 번역해 보세요.

1. 오늘 저녁에 방 하나를 원합니다. →

2. 이틀 묵을 방 하나를 원합니다. →

3. 에펠탑을 구경하고 싶습니다. →

4. 쇼핑하러 가고 싶어요. →

5. 사진 찍고 싶어요. →

6. 왕복 표 하나 주세요. →

7. 목욕 타월을 주실 수 있습니까? →

8. 너의 자동차를 빌려줄 수 있어? →

9. 저를 도와주실 수 있습니까? →

10. 다시 한번 말씀해 주시겠어요? →

11. 사진 찍어 주실 수 있을까요? →

12. 나랑 같이 가고 싶니? →

13. 우리랑 같이 갈 수 있어요? →

14. 그들과 같이 갈 수 있어? →

15. 제가 당신과 같이 갈 수 있을까요? →

2 다음의 문장을 한국어로 번역해 보세요.

1. Quand est-ce que vous aller partir en France ?

   →

2. Je vais partir en France le 29 juillet.

   →

3. Combien de temps allez-vous rester en France ?

   →

4. Je vais rester 1 mois.

   →

5. C'est sympa, Nice ? C'est une grande ville !

   →

6. Oui, c'est grand. Il fait beau est la plage est trés belle.

   →

7. Il y a beaucoup de monde à Nice ?

   →

8. Oui, il y a trop de monde à Nice en été.

   →

9. Vous allez passer de bonnes vacances !

   →

10. Oui, merci. Ça va être bien. Bonnes vacances. Et bon courage.

   →

워크북 정답

받아쓰기 (Dictée)

1. Bonjour
2. Salut
3. Ça va
4. Très bien
5. Merci
6. Bonsoir
7. Je m'appelle
8. Je vais très bien
9. Et vous ?
10. Et toi ?
11. Moi aussi
12. Ça ne va pas
13. Enchanté
14. Comment vous appelez-vous ?
15. Vous vous appelez comment ?
16. Comment t'appelles-tu ?
17. Tu t'appelles comment ?
18. Comme ci, comme ça
19. Comment allez-vous ?
20. Au revoir

Leçon 2 L'identité

1

나	→ je	우리들	→ nous
너	→ tu	당신, 너희들	→ vous
그	→ il	그들	→ ils
그녀	→ elle	그녀들	→ elles

2

직업	남성형
학생	→ étudiant
요리사	→ cuisinier
회사원	→ employé
제빵사	→ boulanger
음악가	→ musicien
웨이터	→ serveur
정비사	→ mécanicien
화가	→ peintre
댄서	→ danseur
기자	→ journaliste
판매원	→ vendeur
선생님	→ professeur
농부	→ agriculteur
의사	→ médecin
배우	→ acteur
공무원	→ fonctionnaire

직업	여성형
학생	→ étudiante
요리사	→ cuisinière
회사원	→ employée
제빵사	→ boulangère
음악가	→ musicienne
웨이터	→ serveuse
정비사	→ mécanicienne
화가	→ peintre
댄서	→ danseuse
기자	→ journaliste
판매원	→ vendeuse
선생님	→ professeur
농부	→ agricultrice
의사	→ médecin
배우	→ actrice
공무원	→ fonctionnaire

3 [남성]

Je suis musicien.

Tu es musicien.

Il est musicien.

Nous sommes musiciens.

Vous êtes musicien.

Vous êtes musiciens.

Ils sont musiciens.

[여성]

Je suis musicienne.

Tu es musicienne.

Elle est musicienne.

Nous sommes musiciennes.

Vous êtes musicienne.

Vous êtes musiciennes.

Elles sont musiciennes.

4

국적	남성형
한국인	→ coréen
프랑스인	→ français
중국인	→ chinois
일본인	→ japonais
미국인	→ américain
영국인	→ anglais
이탈리아인	→ italien
스페인인	→ espagnol

국적	여성형
한국인	→ coréenne
프랑스인	→ française
중국인	→ chinoise
일본인	→ japonaise
미국인	→ américaine
영국인	→ anglaise
이탈리아인	→ italienne

스페인인	→ espagnole

Leçon 3 **La présentation**

1 [parler français]

Je parle français.

Tu parles français.

Il parle français.

Elle parle français.

Nous parlons français.

Vous parlez français.

Ils parlent français.

Elles parlent français.

[parler coréen]

Je parle coréen.

Tu parles coréen.

Il parle coréen.

Elle parle coréen.

Nous parlons coréen.

Vous parlez coréen.

Ils parlent coréen.

Elles parlent coréen.

2 [habiter à Paris]

J'habite à Paris.

Tu habites à Paris.

Il habite à Paris.

Elle habite à Paris.

Nous habitons à Paris.

Vous habitez à Paris.

Ils habitent à Paris.

Elles habitent à Paris.

[habiter à Séoul]

J'habite à Séoul.

Tu habites à Séoul.

Il habite à Séoul.

Elle habite à Séoul.

Nous habitons à Séoul.

Vous habitez à Séoul.

Ils habitent à Séoul.

Elles habitent à Séoul.

3 Je ne suis pas japonais.

Tu n'es pas japonais.

Il n'est pas japonais.

Elle n'est pas japonaise.

Nous ne sommes pas japonais.

Vous n'êtes pas japonais.

Ils ne sont pas japonais.

Elles ne sont pas japonaises.

4 Je n'habite pas à Séoul.

Tu n'habites pas à Séoul.

Il n'habite pas à Séoul.

Elle n'habite pas à Séoul.

Nous n'habitons pas à Séoul.

Vous n'habitez pas à Séoul.

Ils n'habitent pas à Séoul.

Elles n'habitent pas à Séoul.

5 1. Je suis étudiante.

2. Tu es boulanger.

3. Il est professeur.

4. Elle est médecin.

5. Nous sommes peintres.

6. Vous êtes journalistes.

7. Ils sont vendeurs.

8. Elles sont musiciennes.

Leçon 4 **Le goût**

1 [aimer la lecture (긍정문)]

J'aime la lecture.

Tu aimes la lecture.

Il aime la lecture.

Elle aime la lecture.

Nous aimons la lecture.

Vous aimez la lecture.

Ils aiment la lecture.

Elles aiment la lecture.

[aimer la lecture (부정문)]

Je n'aime pas la lecture.

Tu n'aimes pas la lecture.

Il n'aime pas la lecture.

Elle n'aime pas la lecture.

Nous n'aimons pas la lecture.

Vous n'aimez pas la lecture.

Ils n'aiment pas la lecture.

Elles n'aiment pas la lecture.

2 한국영화 → Le cinéma coréen

한국음악 → La musique coréenne

프랑스영화 → Le cinéma français

프랑스음악 → La musique française

미국영화 → Le cinéma américain

미국음악 → La musique américaine

영국영화 → Le cinéma anglais

영국음악 → La musique anglaise

중국영화 → Le cinéma chinois

중국음악 → La musique chinoise

일본영화 → Le cinéma japonais

일본음악 → La musique japonaise

이탈리아영화 → Le cinéma italien

이탈리아음악 → La musique italienne

3 1. Est-ce que vous aimez le cinéma
français ?

2. Est-ce que vous aimez la musique
coréenne ?

3. Est-ce que vous aimez la cuisine
italienne ?

4. Est-ce que vous aimez le cinéma
américain ?

Leçon 5 **L'accord**

1

gentille	jolie
intelligente	belle
mauvaise	mince
généreuse	jeune
sérieuse	âgée
sociable	contente
honnête	triste
aimable	heureuse
sympa	malheureuse
grande	amoureuse
petite	

2 [남성]

Je suis petit.

Tu es petit.

Il est petit.

Nous sommes petits.

Vous êtes petit.

Vous êtes petits.

Ils sont petits.

[여성]

Je suis petite.

Tu es petite.

Elle est petite.

Nous sommes petites.

Vous êtes petite.

Vous êtes petites.

Elles sont petites.

[남성]

Je suis triste.

Tu es triste.

Il est triste.

Nous sommes tristes.

Vous êtes triste.

Vous êtes tristes.

Ils sont tristes.

[여성]

Je suis triste.

Tu es triste.

Elle est triste.

Nous sommes tristes.

Vous êtes triste.

Vous êtes tristes.

Elles sont tristes.

[남성]

Je suis heureux.

Tu es heureux.

Il est heureux.

Nous sommes heureux.

Vous êtes heureux.

Vous êtes heureux.

Ils sont heureux.

[여성]

Je suis heureuse.

Tu es heureuse.

Elle est heureuse.

Nous sommes heureuses.

Vous êtes heureuse.

Vous êtes heureuses.

Elles sont heureuses.

1   1. un / une / des
    2. des / un / des
    3. un / une / un
    4. des / des / un
    5. une / des / un
    6. des / des / des
    7. un / des

2   1. Qu'est-ce que c'est ?
    2. C'est un stylo.
    3. C'est un crayon.
    4. C'est une gomme.
    5. C'est un livre.
    6. C'est un sac.
    7. C'est une clé.
    8. C'est un portefeuille.
    9. C'est un téléphone portable.

3   1. C'est un cahier.
    2. C'est une clé.
    3. C'est une gomme.
    4. C'est une règle.
    5. C'est un stylo.
    6. Ce n'est pas un sac.
    7. Ce n'est pas un portefeuille.

4   1. un stylo bleu / une clé bleue
    2. une règle jaune / un crayon jaune
    3. une gomme blanche / un sac blanc
    4. un crayon rouge / une règle rouge
    5. des sacs noirs / des stylos noirs
    6. des portefeuilles blancs /
       des clés blanches
    7. des livres verts /
       des téléphones portables verts

5   1. → Oui, c'est une gomme bleue.
       → Non, ce n'est pas une gomme bleue.
    2. → Oui, ce sont des portefeuilles jaunes.
       → Non, ce ne sont pas des portefeuilles
         jaunes.
    3. → Oui, c'est grand.
       → Non, ce n'est pas grand.
    4. → Oui, c'est petit.
       → Non, ce n'est pas petit.
    5. → Oui, c'est bien.
       → Non, ce n'est pas bien.
    6. → Oui, c'est sympa.
       → Non, ce n'est pas sympa.

6   1. C'est un stylo rouge.
    2. C'est un crayon bleu.
    3. C'est une gomme blanche.
    4. C'est un petit livre.
    5. C'est un grand cahier.
    6. C'est une jolie clé.

7   1. Le stylo est joli. Il est joli.
    2. La maison est petite. Elle est petite.
    3. Les téléphones portables sont jolis. Ils
       sont jolis.
    4. Les voitures sont jolies. Elles sont
       jolies.

1   [나는 ...를 가지고 있다]
    J'ai une maison.
    J'ai un appartement.
    J'ai une voiture.
    J'ai une moto.
    J'ai des vélos.

J'ai des stylos.

J'ai des stylos rouges.

J'ai une gomme.

[당신은 ...를 가지고 있다]

Vous avez une maison.

Vous avez un appartement.

Vous avez une voiture.

Vous avez une moto.

Vous avez des vélos.

Vous avez des stylos.

Vous avez des stylos rouges.

Vous avez une gomme.

[그는 ...를 가지고 있다]

Il a une maison.

Il a un appartement.

Il a une voiture.

Il a une moto.

Il a un vélo.

Il a un stylo.

Il a un stylo rouge.

Il a une gomme.

[그들은 ...를 가지고 있다]

Ils ont une maison.

Ils ont un appartement.

Ils ont une voiture.

Ils ont une moto.

Ils ont un vélo.

Ils ont un stylo.

Ils ont un stylo rouge.

Ils ont une gomme.

2
1. Tu as une moto.
2. Il a un grand sac.
3. Rémi a des vélos.
4. Elles ont des appartements.
5. Nous avons une voiture.
6. Marc et Lora ont une maison.

7. Sophie a des stylos bleus.

3
1. Dans la maison, il y a un salon, une salle à manger, trois chambres, des toilettes, une cuisine, une salle de bains et un jardin.
2. Dans l'appartement, il y a un salon, une salle à manger, deux chambres, des toilettes, une cuisine, une salle de bains et un balcon.
3. Dans la chambre, il y a un lit, une armoire, une étagère, un bureau, une bibliothèque, une chaise, une table, une lampe, une porte et une fenêtre.
4. Dans le salon, il y a un canapé, un fauteuil, une table basse, une télévision, une chaîne hifi, un ordinateur, un tableau, des rideaux, un tapis et une cheminée.

Leçon 8   **La ville**

1

레스토랑	→ Le restaurant
술집	→ Le bar
공원	→ Le parc
백화점	→ Le grand magasin
경찰서	→ Le commissariat de police
박물관	→ Le musée
약국	→ La pharmacie
중학교	→ Le collège
대학교	→ L'université
아파트	→ L'appartement
버스정류장	→ L'arrêt de bus
역	→ La gare

극장	→ Le théâtre
옷가게	→ La boutique de vêtements
카페	→ Le café
길	→ La rue
호텔	→ L'hôtel
슈퍼마켓	→ Le supermarché
시청	→ La mairie
학교	→ L'école
병원	→ L'hôpital
고등학교	→ Le lycée
빵집	→ La boulangerie
교회	→ L'église
지하철	→ La station de métro
영화관	→ Le cinéma
가게	→ Les magasins
서점	→ La librairie

2
1. Le restaurant est loin de la gare.
2. Les musées sont loin de la pharmacie.
3. Le parc est loin de l'hôtel.
4. Le magasin est loin du cinéma.
5. L'église est loin des magasins.
6. Les musées sont près de l'hôpital.
7. Le café est près de l'université.
8. Les appartements sont près du théâtre.
9. La librairie est près des maisons.
10. Le cinéma est à côté de la rue.
11. Le parc est à côté de l'hôtel.
12. Le supermarché est à côté du bar.
13. La gare est à côté des maisons.
14. Le restaurant est devant la gare.
15. Les boutiques sont devant l'université.
16. Le musée est devant l'école.
17. Le parc est devant les maisons.
18. L'université derrière la station de métro.
19. La voiture est derrière l'université.
20. Le magasin est derrière le cinéma.

3
1. → Oui, le parc est loin de l'hôtel.
   → Non, le parc n'est pas loin de l'hôtel.
2. → Oui, le magasin est loin du cinéma.
   → Non, le magasin n'est pas loin du cinéma.
3. → Oui, la librairie est près des maisons.
   → Non, la librairie n'est pas près des maisons.
4. → Oui, le musée est devant l'école.
   → Non, le musée n'est pas devant l'école.
5. → Oui, l'université est derrière la station de métro.
   → Non, l'université n'est pas derrière la station de métro.

 Commander

1
1. Voulez-vous un café ?
2. Veux-tu un café ?
3. Nous voulons un café.
4. Ils veulent un café.
5. Elles veulent un café.
6. C'est bon ?
7. C'est bon.
8. Ce n'est pas bon.
9. C'est très bon.
   C'est délicieux.
10. Je prends un café.
11. Je ne prends pas de café.

12. Prenez-vous du thé ?

13. Ne prenez-vous pas de thé ?

14. Laurent prend un coca.

15. Il ne prend pas de coca.

2 1. La salade / La tarte

2. La soupe / Le foie gras

3. Les huîtres / Le saumon fumé

4. Le bœuf / Le veau

5. Le porc / Le poulet

6. Le coq / Le gratin

7. La truite / La ratatouille

8. Les fruits de mer / Les spaghettis

9. La fondue / La pizza

10. Le steak / Les frites

11. La bouteille d'eau / La bouteille de vin

12. Le plat du jour

1 1. Où allez-vous ?

2. Je vais à l'école.

3. Où est-ce que vous êtes ?

4. Je suis à la maison.

5. Où est votre maison ?

6. Ma maison est à Séoul.

7. Où est le restaurant ?

8. Le restaurent est devant le musée.

9. Où est le supermarché ?

10. Le supermarché est devant le café.

2 1. Oui, je vais à l'université.

Non, je ne vais pas à l'université.

2. Oui, Luc va au cinéma.

Non, Luc ne va pas au cinéma.

3. Oui, je vais aux Etats-Unis.

Non, je ne vais pas aux Etats-Unis.

4. Oui, je vais au restaurant.

Non, je ne vais pas au restaurant.

5. Oui, Corine est à la maison.

Non, Corine n'est pas à la maison.

6. Oui, ils sont au parc.

Non, ils ne sont pas au parc.

1. 0 → Zéro 1 → Un 2 → Deux 3 → Trois 4 → Quatre

5 → Cinq 6 → Six 7 → Sept 8 → Huit 9 → Neuf

10 → Dix 11 → Onze 12 → Douze 13 → Treize 14 → Quatorze

15 → Quinze 16 → Seize 17 → Dix-sept 18 → Dix-huit 19 → Dix-neuf

20 → Vingt 21 → Vingt et un 22 → Vingt-deux 23 → Vingt-trois 24 → Vingt-quatre

25 → Vingt-cinq 26 → Vingt-six 27 → Vingt-sept 28 → Vingt-huit 29 → Vingt-neuf

30 → Trente 31 → Trente et un 32 → Trente-deux 33 → Trente-trois 34 → Trente-quatre

70 → Soixante-dix 71 → Soixante et onze 72 → Soixante-douze 73 → Soixante-treize 74 → Soixante-quatorze

75 → Soixante-quinze 76 → Soixante-seize 77 → Soixante-dix-sept 78 → Soixante-dix-huit 79 → Soixante-dix-neuf

80 → Quatre-vingts 81 → Quatre-vingt-un 82 → Quatre-vingt-deux 83 → Quatre-vingt-trois 84 → Quatre-vingt-quatre

85 → Quatre-vingt-cinq 86 → Quatre-

vingt-six 87 → Quatre-vingt-sept 88 → Quatre-vingt-huit 89 → Quatre-vingt-neuf

90 → Quatre-vingt-dix 91 → Quatre-vingt-onze 92 → Quatre-vingt-douze 93 → Quatre-vingt-treize 94 → Quatre-vingt-quatorze

95 → Quatre-vingt-quinze 96 → Quatre-vingt-seize 97 → Quatre-vingt-dix-sept 98 → Quatre-vingt-dix-huit 99 → Quatre-vingt-dix-neuf

100 → Cent 101 → Cent un 102 → Cent deux 103 → Cent trois 104 → Cent quatre

105 → Cent cinq 106 → Cent six 107 → Cent sept 108 → Cent huit 109 → Cent neuf

110 → Cent dix 111 → Cent onze 112 → Cent douze 113 → Cent treize 114 → Cent quatorze

115 → Cent quinze 116 → Cent seize 117 → Cent dix-sept 118 → Cent dix-huit 119 → Cent dix-neuf

200 → Deux cents 300 → Trois cents 400 → Quatre cents 500 → Cinq cents 600 → Six cents

700 → Sept cents 800 → Huit cents 900 → Neuf cents 990 → Neuf cent quatre-vingt-dix 999 → Neuf cent quatre-vingt-dix-neuf

2 1. Combien ça coûte ? /
→ Ça coûte combien ?
(1) Ça coûte onze euros cinquante.
(2) Ça coûte douze euros soixante-neuf.
(3) Ça coûte cent vingt et un euros.

2. Combien ça fait ? /
→ Ça fait combien ?
(1) Ça fait sept euros soixante-quinze.
(2) Ça fait trente six euros quatre-vingt-sept.
(3) Ça fait quatre-vingt-dix euros huit.

3. Quel âge avez-vous ?
(1) J'ai 20 ans.
(2) J'ai 25 ans.

Leçon 12 **Les verbes d'action**

1 1. Qu'est-ce que vous faites ?
2. Je fais les devoirs.
3. Elle fait du piano.
4. Pierre fait de la guitare.
5. Qu'est-ce que tu fais ?
6. Tu fais du tennis ?
7. Qu'est-ce qu'il fait ?
8. Quelle taille faites-vous ?
9. Je fais du 36.
10. Est-ce que tu fais du piano ?
11. Lora fait du sport.
12. Qu'est-ce qu'ils font ?

2 1. Vous pouvez parler français ?
2. Oui, je peux.
3. Elle peut habiter à Séoul.
4. Ils peuvent prendre un café.
5. Nous pouvons aller à l'école.
6. Tu peux faire les devoirs ?
7. Je peux vous aider ?
8. Peuvent-elles regarder la télévision ?
9. Je peux essayer ?
10. Pouvons-nous payer par carte bleue ?
11. Martin peut avoir un thé ?
12. Isabelle et Corine peuvent parler

coréen ?

3 1. Aimez-vous parler coréen ?
  2. Aimez-vous habiter à Paris ?
  3. Il ne veut pas aller à Pusan.
  4. Elle ne peut pas habiter à Séoul.
  5. Nous pouvons aller à l'école.
  6. Je veux aller à l'école.

Leçon 13 **La famille et la maison**

1 1. Je me repose
     Tu te reposes
  2. Il se repose
     Elle se repose
  3. Nous nous reposons
     Vous vous reposez
  4. Ils se reposent
     Elles se reposent
  5. Je m'appelle
     Tu t'appelles
  6. Il s'appelle
     Elle s'appelle
  7. Nous nous appelons
     Vous vous appelez
  8. Ils s'appellent
     Elles s'appellent

2 1. Je me présente
     Tu te présentes
     Il/Elle se présente
     Nous nous présentons
     Vous vous présentez
     Ils/Elles se présentent
  2. Je me douche
     Tu te douches

Il/Elle se douche
Nous nous douchons
Vous vous douchez
Ils/Elles se douchent

3 la famille

le mari	la femme
le fils	la fille
les enfants	les parents
le père	le papa
la mère	la maman
le grand-père	la grand-mère
le frère	la sœur
le petit frère	le grand frère
la petite sœur	la grande sœur
le cousin	la cousine

Leçon 14 **La rencontre**

1 1. Il y a beaucoup de voitures.
  2. Il n'y a pas beaucoup de maisons.
  3. Il y a beaucoup d'appartements à Séoul.
  4. Il y a beaucoup de monde à l'école.
  5. Il y a trop d'appartements à Séoul.
  6. Il y a trop de monde ce soir.
  7. Je t'aime.
  8. Je vous aime.
  9. Vous m'aimez.
  10. Il nous aime.
  11. Elle vous aime.
  12. Nous l'aimons.
  13. Nous les aimons.
  14. Tu m'appelles.
  15. Je t'appelle.
  16. Elle l'appelle.

17. Il l'appelle.
18. Vous l'appelez.
19. Je vous appelle.
20. Je vous appelle.
21. Nous les appelons.

Leçon 15 **A l'école**

1 Je viens
Tu viens
Il/Elle vient
Nous venons
Vous venez
Ils/Elles viennent

2 Je sais
Tu sais
Il/Elle sait
Nous savons
Vous savez
Ils/Elles savent

3 Je dois
Tu dois
Il/Elle doit
Nous devons
Vous devez
Ils/Elles doivent

4 Je vois
Tu vois
Il/Elle voit
Nous voyons
Vous voyez
Ils/Elles voient

5 1. Je vais aux Etats-Unis.
2. Je viens des Etats-Unis.
3. Je dois cuisiner.
4. Je sais cuisiner.
5. On se voit devant l'école ?
6. On se voit devant le café.
7. On ne sait rien.
8. Je ne vois rien.
9. Lundi, je vais à l'école.
10. Mardi, je vais au bureau.
11. Mercredi, je fais mes devoirs.
12. Jeudi, je fais la cuisine.
13. Vendredi, je fais du sport.
14. Samedi, je fais du shopping.
15. Dimanche, je me repose.

Leçon 16 **Le loisir**

1. 1. Je ne vais jamais au cinéma.
2. Elle ne mange jamais de viande.
3. Nous allons au cinéma de temps en temps.
4. Ils vont souvent à la bibliothéque.
5. Faites-vous du sport tous les jours ?

2. 1. (매일) Tous les jours, je prends le petit déjeuner.
(자주) Souvent, je prends le petit déjeuner.
(가끔) De temps en temps, je prends le petit déjeuner.
(절대로) Je ne prends jamais le petit déjeuner.
2. (매일) Tous les jours, je regarde le football à la télévision.
(자주) Souvent, je regarde le football à

la télévision.

(가끔) De temps en temps, je regarde le football à la télévision.

(절대로) Je ne regarde jamais le football à la télévision.

3 1. → Oui, j'aime le sport.

→ Non, je n'aime pas le sport.

2. → Oui, j'aime le bricolage.

→ Non, je n'aime pas le bricolage.

4 1. Quelle table voulez-vous ?

2. Quelle est la voiture de Luc ?

3. Quelle est la clé de Marie ?

4. Quelle est son adresse email ?

5. Quels livres lisez-vous ?

6. Quels sont vos loisirs ?

7. Il adore prendre les photos.

8. Il aime le jardinage.

9. Elle aime la peinture.

10. On aime le cinéma.

Leçon 17 Les vacances

1 1. Où partez-vous ?

2. Je pars en vacances à la mer.

3. Où allez-vous ?

4. Où part-il ?

5. Où es-tu ?

2. 1. connait

2. savent

3. savez

4. connaissez

5. sais

6. connaissons

7. sais

8. connais

9. sait

10. savons

3 1. C'est pour vous.

2. Parlez français pour moi.

3. Je vais à l'école pour apprendre le français.

4. Je me promène au printemps.

5. Je pars pour faire du ski en hiver à la montagne.

6. Je ne mange plus de viande.

7. Il ne travaille plus.

4 1. J'ai un rhume.

2. J'ai mal à la tête.

3. J'ai mal à l'œil.

4. J'ai mal aux yeux.

5. J'ai mal aux genoux.

6. J'ai mal au dos.

Leçon 18 La journée

1 1. Il est cinq heures dix.

2. Il est dix-sept heures treize.

3. Il est midi vingt.

4. Il est huit heures et demi.

5. Il est dix-neuf heures quarante.

6. Il est quize heures vingt-cinq.

7. Il est neuf heures quarante-cinq.

8. Il est six heures cinquante-cinq.

9. Il est dix-huit heures cinquante.

10. Il est quatorze heures cinq.

2   1. A quelle heure Sophie va-t-elle faire
        du sport ?
    2. Elle va faire du sport à 9 heures ce soir.
    3. Quand voulez-vous prendre le petit-
        déjeuner ?
    4. A quelle heure voulez-vous prendre le
        petit-déjeuner.
    5. Je voudrais prendre le petit déjeuner
        à 6 heures et demi.

3   1. Quel temps fait-il ?
    2. Il fait beau.
    3. Il fait nuageux.
    4. Il fait chaud.
    5. Il fait froid.
    6. Il pleut.
    7. Il neige.

4   1. Vous êtes venu à l'heure.
    2. Vous êtes venu en retard.
    3. Je suis venu en avance.
    4. Il va venir en retard ?
    5. Va-t-il venir en avance ?
    6. Il va venir à l'heure ?

Leçon 19   Le transport

1   1. Je prends l'avion.
    2. Vas-tu à la maison en métro ?
    3. Comment vas-tu à la maison ?
    4. Je vais à la maison en bus.
    5. Nous allons en train.

2   1월 → Janvier
    2월 → Février
    3월 → Mars

4월 → Avril
5월 → Mai
6월 → Juin
7월 → Juillet
8월 → Août
9월 → Septembre
10월 → Octobre
11월 → Novembre
12월 → Décembre

3   1000 → Mille
    1011 → Mille onze
    1012 → Mille douze
    1013 → Mille treize
    1014 → Mille quatorze
    1015 → Mille quinze
    1016 → Mille seize
    1117 → Mille cent dix-sept
    1118 → Mille cent dix-huit
    1119 → Mille cent dix-neuf
    1120 → Mille cent vingt
    1901 → Mille neuf cent un
    1999 → Mille neuf cent quatre-vingt dix-
           neuf
    2000 → Deux mille
    3000 → Trois mille
    4000 → Quatre mille
    5000 → Cinq mille
    10000 → Dix mille
    70000 → Soixante-dix mille
    12345 → Douze mille trois cent quarante-
            cinq
    100000 → Cent mille
    1000000 → Un million
    10000000 → Dix millions
    100000000 → Cent millions
    1000000000 → Un milliard

Leçon 20 **Le voyage**

1
1. Je voudrais une chambre pour ce soir.
2. Je voudrais une chambre pour deux nuits.
3. Je voudrais visiter la Tour Eiffel.
4. Je voudrais aller faire du shopping.
5. Je voudrais prendre des photos.
6. Je voudrais un ticket aller-retour.
7. Est-ce que je peux avoir une serviette ?
8. Est-ce que tu peux me prêter ta voiture ?
9. Est-ce que vous pouvez m'aider ?
10. Est-ce que vous pouvez répéter ?
11. Est-ce que vous pouvez me prendre en photo ?
12. Est-ce que tu veux venir avec moi ?
13. Est-ce que vous pouvez venir avec nous ?
14. Tu peux aller avec eux ?
15. Je peux aller avec vous ?

2
1. 언제 프랑스로 떠나실 건가요?
2. 7월 29일에 프랑스로 떠날 것입니다.
3. 프랑스에서 얼만큼 머무실 건가요?
4. 1달 머물 것입니다.
5. 니스 좋지? 큰 도시야.
6. 맞아. 거대해. 날씨가 좋고 해변이 아주 아름다워.
7. 니스에 사람들이 많아?
8. 응, 여름에는 니스에 너무 많은 사람들이 있어.
9. 좋은 휴가를 보내실 거예요.
10. 응 고마워. 좋을 거야. 좋은 휴가 보내. 그리고 힘내.